The Dress
Tomoe Shinohara Sewing Book

ザ・ワンピース

篠原ともえのソーイングBOOK

文化出版局

ようこそ☆篠原ともえのソーイングワールドへ！
『ザ・ワンピース』は、お裁縫ビギナーさん＆ソーイング大好きなみなさんの"作ってみたい！"を応援する、しのはら流お裁縫レクチャー本です。
お気に入りがきっと見つかるワンピースたちをデザインしました。お洋服を作ってみると、似合う服や好きな素材、自分自身の体型を知ることもできます。
女性は、ものづくりを愛する"お裁縫DNA"が息づいていると、わたしはずっと信じているんです。
篠原ともえのお裁縫デビューは8歳のころ。母にポーチを作ってプレゼントすると、とても喜んでくれて、"ものづくりは喜びを作り出すこと"と子どもながらに感じました。祖母は着物を縫うお針子さんでしたので、そのDNAが受け継がれ、わたし自身作ることが好きなのかもしれません。
お裁縫は、時間はたっぷりとかかる作業ではありますが、出来上りの感動はそれまでのがんばりを超える喜びをくれます。そして、完成品はいつまでも形として残ります。思うようにできなくて投げ出したくなることもありますが、針運びやミシンの操作が楽しくて夢中になる瞬間が必ず訪れます。
お裁縫は魔法☆です。ビギナーさんはじっくりプロセスを読んでゆっくり丁寧に仕上げてみてください。ソーイング大好きなみなさんも自由にしのはらのアイディアをご活用ください。ぜひご自身の手で、心で、いつまでも愛せる一着を作ってみてくださいね。
さぁ！はじめましょう♪

篠原ともえ

CONTENTS

Tricolore Lace Dress
page 4

Silk Embroidery Dress
page 6

Tartan Check Dress
page 8

Classical Dress
page 10

Soda Blue Dress
page 12

Scalloped Lace Dress
page 14

Sunset Dress
page 16

Tsubaki Dress
page 18

50's Stripe Dress
page 20

Liberty Print Dress
page 22

Denim Dress
page 24

Gingham Check Dress
page 26

デザインの生まれるところ	page 28	裁断と印つけについて	page 40	How To Make
用具について	page 32	縫い始める前に知っておきたいこと	page 42	page 58
布について	page 34	ワンピースを縫ってみましょう	page 44	
採寸とサイズ補正ついて	page 36	ワンポイントレッスン	page 52	
実物大パターンについて	page 38	基礎テクニック	page 57	

Tricolore Lace Dress

トリコロールレースワンピース

大好きなトリコロールのレース素材で、フランス少女気分のワンピース。
首もとがすっきり見えるスクエアネックのデザインです。
同じ素材で、シュークリップや、カンカン帽に大きなリボンを作りましょう☆

see page 60, 61

Silk Embroidery Dress

シルク刺繍ワンピース

シンプルなデザインのこのパターンは、存在感のあるテキスタイルもしっかり受け止めてくれますよ♪ 華やかな花刺繍のインドシルクにもぴったりです。美しい布を生かして♪リボンヘアバンドやシュークリップも簡単手作り♪

see page 64, 86, 87

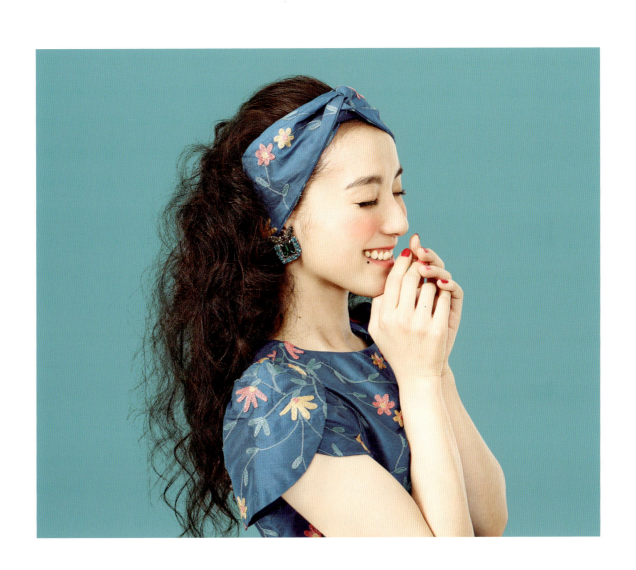

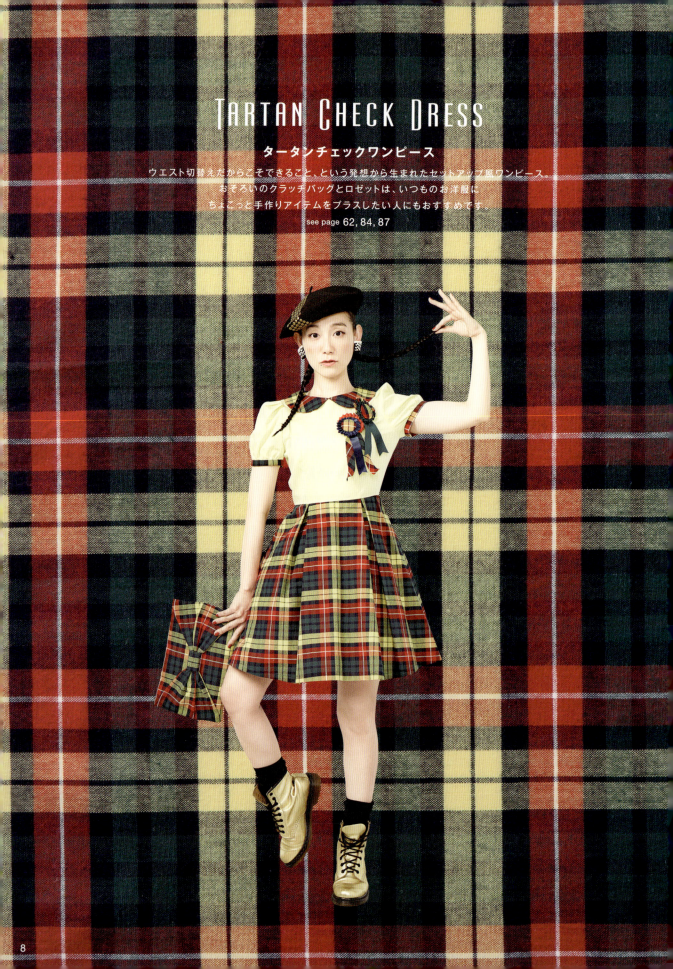

Classical Dress

クラシカルワンピース

濃紺のシルクシャンタンなど上質な素材で手作りすると
特別な日にも着られるクラシカルなワンピースに仕上がります。
大きいコットンパールで大人チャーミングなスタイリングに。

see page 44, 83

Soda Blue Dress

ソーダブルーワンピース

夏のおでかけワンピースは、ブルーのリネンで見た目も涼しげに。
2段重ねのフレアスリーブに美しくドレープを寄せるため、薄手の布をセレクト。
胸もとのフリルと同じテクニックでバッグもおそろいに☆

see page 68, 85

Scalloped Lace Dress

スカラップレースワンピース

素朴なお花のレースを生かしたカシュクールワンピース。
ハンドメイドらしい優しさの感じられるデザインなので、
控えめのアクセサリーでピュアにまといます。

see page 70

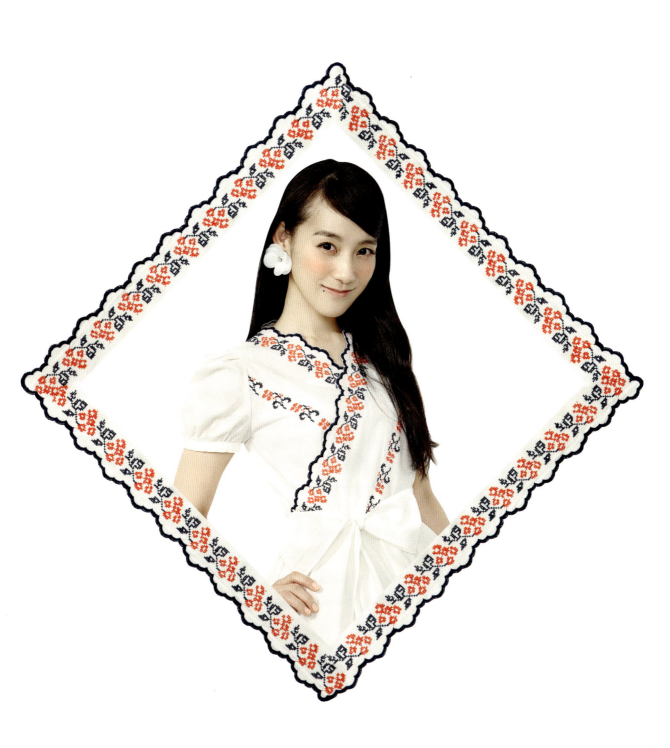

Sunset Dress

サンセットワンピース

優しい夕焼けのような布で作る、物語のあるワンピース。
ウエストから裾にかけてのグラデーションは、太陽の流れのイメージ。
手作りの羽根のヘッドドレスと合わせて、モダンガールのインパクト。

see page 72, 73

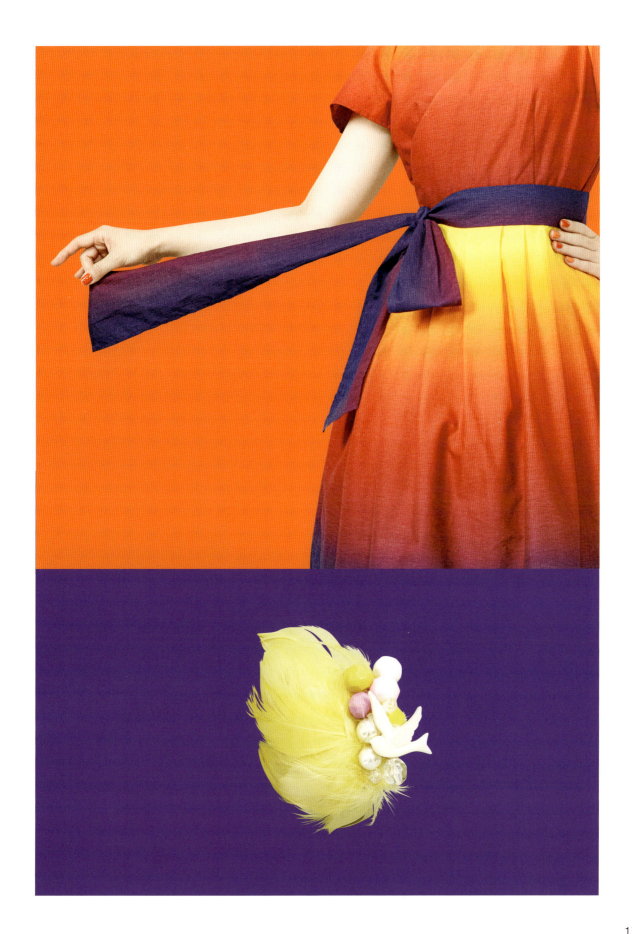

Tsubaki Dress

和風椿ワンピース

大好きな和柄でオリジナルワンピース作り!
渋くなりがちな和柄は、袖のフレアやウエストリボンで華やかにしましょう。
カシュクールの合せは着物風に、左前にデザインしました。

see page 65

50's Stripe Dress

50's ストライプワンピース

チューリップスリーブ、クレリックカラー、たっぷりギャザーのサーキュラースカートで、
踊りたくなるようなワンピース。
太めのヘアバンドとリボンパンプスのトータルコーディネートで、オールディーズっぽく。

see page 74, 77, 86

Liberty Print Dress

リバティプリントワンピース

イメージしたのは、並木道を自転車で駆け抜ける、映画のようなワンシーン。
スカートは、はためくのも気にならないセミロング丈。開衿と細ベルト、
ドロップみたいなプラスチックボタンで、レトロ感を漂わせます。

see page 78

DENIM DRESS
デニムワンピース

大人のためのデニムワンピースは、思い切ったミニ丈でかっこよく。
インディゴブルーに合う真っ赤なリックラックテープを、角衿とカフスに効かせました。
赤リップと赤ネイルでハンサムにもチャーミングにもスタイリングできます☆

see page 82, 84

Gingham Check Dress

ギンガムチェックワンピース

大中小のギンガムチェックを組み合わせて、遊び心たっぷりに仕上げました。
パッチワークのようにお気に入りの布を集めて作ってもカワイイです。
完成をイメージしながら、オリジナルのワンピース作り♪

see page 80

HOW A DESIGN IS BORN
デザインの生まれるところ

I ♥ 日暮里

時間を見つけてはたびたび訪れる大好きな街、日暮里。駅からのびる並木道には、生地屋さん、ボタン屋さん、パーツ屋さんなどがずらりと並び、一日中いても飽きません。ワンピース作りの第一歩に、3つのお店を巡りました。

{ トマト }

日暮里繊維街のランドマーク的存在、トマト本館。中学生のころ、雑誌の特集を見て日暮里を訪れたころからずっとお世話になっています。5階建ての広い店内には、1m100円（税抜）の激安コーナーから衣装用の高級素材まで、見渡すかぎり布、布、布……。この日もたっぷり時間をかけて歩き回り、ワンピース2着分の生地を選びました。

和柄の品ぞろえも充実しているので、必ずチェックします

スパンコール素材発見！アクセサリー作りにいいかも

Shop Info
東京都荒川区東日暮里6-44-6
http://www.nippori-tomato.com
日曜・祝日休

{ 熊谷商事 }

選んだボタンを
布地と合わせて
みましょう

トマトの斜向いにある熊谷商事は、豊富な品ぞろえとリーズナブルな価格で人気のボタン屋さん。縫い上げたお洋服を片手に真剣にボタンを選ぶソーイングマニアたちの熱気にあふれていて、いつ訪れても刺激になります。

Shop Info
東京都荒川区東日暮里5-32-10
http://www.kumagaishoji.com
日曜・祝日休

大きなボタンで
イヤリングを
作ろうかな

{ エル・ミューゼ日暮里店 }

こだわりのセレクトがすてきなボタン屋さん。ヨーロッパのビンテージや現代ボタンのほか、バックルやバッグの持ち手なども扱っています。リバティプリントワンピースのために探していた細ベルト用バックルは、こちらで購入。

Shop Info
東京都荒川区東日暮里5-34-1
http://www.l-musee.com
日曜休

しのはら流 ★ お裁縫の愉しみ

イメージを描いてみよう

手芸屋さんに行く前に、作りたいワンピースのイラストを描いてみましょう。エア試着の気分でイメージを描いてみると、好きな色や好みのスカート丈など、似合うシルエットが見えてくるはず。このプロセスがあれば、布選びやディテールに迷っても、イラストが作りたいイメージを示してくれて、ちゃんとイメージのゴールへたどりつけるんです。新しくアイディアが浮かんだら、言葉やイラストをどんどん描き足してみるのもいいですよ。布やボタンをはり、イメージをより具体的に残しておきましょう☆
わたしにとって、このイラストは、お洋服作りを最後まで一緒に見届けてくれるパートナーのような存在なのです。

しのはら流・手芸屋さんの歩き方

手芸屋さんが身近な場所になれば、お裁縫はもっと楽しくなるはず。学生のころから通い慣れているオカダヤさんで、ふだんどんな風にお買い物をしているのかをナビゲートします。

取材協力／オカダヤ新宿本店　http://www.okadaya.co.jp/shinjuku/

Q 手芸屋さんには、何を持って行けばいいの？

A まず、たくさんお買い物するので、大きなバッグ。布幅と用尺のメモも忘れずに。そして、デザイン画があるとGOOD。膨大な布の山にインスピレーションを受けることもあるけれど、目移りしてしまう場合も。ひと呼吸おいて、作りたいイメージを見つめ直すことも大切です。

Q 似合う布を見つけるには？

似合うかな？

A ロール状の布のままでは、お洋服になったときの姿が想像しにくいもの。気になる布があったら、試着するような気持ちで、鏡の前で当ててみましょう。

Q 欲しい布が見つかったけれど、いざ、どうすればいいの？

このくらいの丈で作りたいのですが

3mあれば足りますよ

1、2、3…　ジョキジョキジョキ

ありがとうございます

レジまでお持ちください

A カット台で欲しい長さを店員さんに伝えて、裁ってもらいます。

Q 接着芯選びが苦手なのですが……

「このくらいの厚さが向いていますよ」
「見返しにはりたいのですが」

「せっかく作るんだから接着芯は赤にしてみようかな」

A ワンピースに向く接着芯のことは42ページでご紹介します。店員さんに仕上げたいイメージを伝えて相談し、アドバイスをもらうのもいいですね。

Q 糸の色はどうやって選べばいいの？

「60番ミシン糸の赤に決めた♪」

A 実際に使う布と糸見本とを合わせてみれば、ぴったりの色が見つかりますよ。柄布の場合は、分量の多い色に合わせて、少し暗めの色を選ぶのが無難ですが、あえて目立つ色でステッチを効かせても。

Q 布以外に買っておくものは？

「ハトロン紙も用意しておかなきゃ」

I'M READY!
いよいよワンピース作りの準備が整いました

A 材料や用具で足りないものがあったら、そろえておきましょう。すぐに使う予定がなくても、リボンやボタンの売り場もチェックしておくと、創作のヒントが見つかるかも。

ABOUT TOOLS
用具について

{ そろえておきたいソーイング用具 }

ワンピースを縫うために必要な用具を紹介します。
使いやすい用具をそろえて、楽しくソーイングを始めましょう。

裁ちばさみと
目打ちは一生もの。
使いやすいものを
じっくり選びましょう♪

ハトロン紙
実物大パターンを写しとるときに使う薄い紙。折り目のないロールタイプが、線が描きやすい。

方眼定規
透明の方眼定規は、布地の上で目盛りが確認でき平行線が引きやすい。しなやかに曲がるので、カーブをはかることもできる。長い直線が引きやすい50cm定規がおすすめ。※

メジャー
採寸や、布地の用尺など長いものをはかるときや、カーブの長さをはかるときに。※

裁ちばさみ
布地の裁断専用のはさみ。切れ味が悪くなってしまうので、紙を切ることはNG。※

糸切りばさみ
糸を切ることはもちろん、短い部分の布地を切るときにも使う。※

まち針
布地やパターンの仮どめに使う。頭のあまり大きくないものが扱いやすい。※

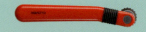

目打ち
縫い目をほどく、ミシンで縫う際に布地を押さえる、形を整える、などの細かい作業に役立つ必須アイテム。※

リッパー
はさみでは切りづらい縫い目やボタンの糸切りに、あると便利。長いほうの先を糸の下に差し込んで使う。※

ソフトルレット
チャコピーを使って布地にパターンを写すときに必要。小さな歯車で点線状の印がつく。※

両面チャコピー
パターンを対称に写すときに2枚の布地の間にはさんで使う、両面にインクのついた紙。※

ウエイト
パターンを写すときや布地を裁断するときに、ずれないように使う重し。最低2個は必要。

手縫い針
しつけをしたり、まつり縫いをするときに不可欠。※

しつけ糸
本縫いをする前に、しつけをする（仮縫いする）ときに使う糸。手で簡単に切ることができる。

※はクロバー

｛ ミシン糸とミシン針 ｝

きれいに縫うためには、布地に合った糸と針を使うことが大切です。
適正な糸と針を使わないと、糸がつれたり、縫い目がとんでしまう原因に。

ミシン糸
丈夫で縫いやすいスパン糸（ポリエステル糸）がおすすめ。この本の作品はすべて、60番ミシン糸（普通地用）を使用。

ミシン針
この本の作品はすべて、11番ミシン針（一般生地用）を使用。この針で、綿、麻、絹など大体の布地を縫うことができる。

しのはら流 ★ お裁縫の愉しみ

愛用のお裁縫道具を公開

目打ち
学生のころからの愛用品

スレダー
糸を通す道具

指ぬき
手縫いのときは、欠かせません☆
中指にはめて使います

チャコナー
粉状なので
細い線が引けるすぐれもの

万能はさみ
アクセサリー作りのときなど
細かいものを切るのに便利

チョーク

チャコナー替え粉

竹定規（20㎝）
小さいものをはかるときに
重宝します

チョーク削り

糸切りばさみ
はさみケースも
京都みすや忠兵衛さんのもの

ピンクッション
パッチワーク用の
端切れを使って、手作りしました

ボタンつけ糸
シルコートの丈夫さと
発色のよさがお気に入り

ピンクッション
父が母へプレゼントしたものを
譲り受けたわたしの宝物です☆

お裁縫箱は、京都のみすや忠兵衛さんのもの。華やかな着物柄に一目惚れして、仕分け用の小箱や糸切りばさみケースもそろえました。仕事場に持ち歩いて空き時間にちくちくすることも多いので、整理整頓しやすいところも気に入っています。ふたを広げて使えるので、糸くずや端切れなどをちょっと置くのにも便利。細々した道具には名前を書いておくと安心です。裁ちばさみとピンクッション、指ぬきは洋裁好きの母から受け継いだもの。目打ちやチョークなどは、学生のころからの愛用品がほとんどです。お裁縫道具は不思議と、使うほどに手になじんできます。長く愛せる道具と付き合っていきましょう☆

ABOUT FABRIC
布について

{ この本で使用している布 }

布の特徴を知って、作りたいワンピースの仕上りイメージを描きましょう。
布選びが楽しくなりますよ♪

プリント

布地にプリントした布の総称。表のみにプリントした柄があり、裏は無地。

綿シャンブレー

たて糸とよこ糸で異なる色糸を用いた平織りの綿地。霜降りのような風合いがあり、シャツなどによく用いられる。

綿先染めチェック

染色した綿糸でチェック柄を織ったもの。表裏は同じ柄になる。

デニム

藍染めのたて糸と未ざらしのよこ糸を綾織りにした布。この本では、比較的薄手の6オンスのものを使用。

綿レース

綿地に刺繍加工を施したもの。透し模様や、プリント地に刺繍したものなどさまざま。

シルクシャンタン

着物の紬のような節がある平織りの絹地。光沢と張りがあり、フォーマルな印象の仕上りに。

綿刺繍レーススカラップ

綿地の耳に刺繍加工をしてスカラップ状にカットした布。スカラップを裾などにする場合は、布を横地に裁断する。

カラーリネン

麻素材の一種であるリネンを染めたもの。しなやかな張りのあるさらりとした風合いで、吸水性に優れる。

｛ 布地の基礎知識 ｝

ワンピース作りで最も重要な材料である布地。
その基本的な構造と特性を理解しておきましょう。

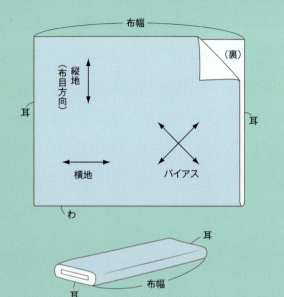

布目
布地のたて糸とよこ糸の織り目のこと。

縦地＝布目方向
布地のたて糸の方向。耳に対して平行。伸びにくいので、原則としてパターンの布目線（←→）は縦地と合わせる。

横地
布地のよこ糸の方向。耳に対して垂直。縦地に比べて伸びる。

バイアス
布目に対して45°のこと。よく伸びるため、テープ状（バイアステープ）にして縁どりになどに使う。

布幅
布地の耳から耳までの距離のこと。布幅によって、布地の必要量が違ってくるので、購入するときはよく確かめて。

耳
布地の両端のほつれない部分のこと。

｛ 縫う前の準備 ｝

最近の日本製の布地は、ゆがみがなく、地直し（水を通して布目を整えること）の必要がないものがほとんどですが、アイロンの整えは必ず行ないましょう。

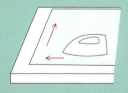

アイロンをかける
たたみじわをなくすためにアイロンをかける。この際、アイロン台と耳を平行に置き、角が直角になるように、ゆがみを伸ばして布目を整える。

きちんと整えておくと
仕上りが
断然きれいです！

布目を通す

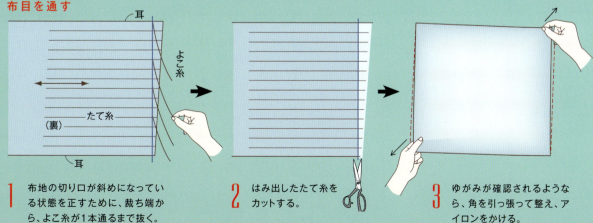

1 布地の切り口が斜めになっている状態を正すために、裁ち端から、よこ糸が1本通るまで抜く。

2 はみ出したたて糸をカットする。

3 ゆがみが確認されるようなら、角を引っ張って整え、アイロンをかける。

ABOUT MEASUREMENT
採寸とサイズ補正について

｛ 自分のサイズを知る ｝

この本には、S、M、L、LLの4サイズの実物大パターンがついています。
ヌード寸法を下着をつけた状態で採寸して、自分のサイズを知りましょう。

バスト 胸のいちばん高い位置を床と平行にはかる

ウエスト メジャーを床と平行にしてはかる

BNP

背肩幅 左肩先からバックネックポイント（BNP）を経由した右肩先までの長さ。直線ではなくゆるやかなカーブを描く

背丈 首のつけ根のいちばん出ている骨（バックネックポイント）からウエストまでの長さ

着丈

スカート丈 ウエストから裾までの長さ

ヌード寸法＋ゆるみ＝出来上り寸法

[参考寸法表] 単位はcm

	S (7号)	M (9号)	L (11号)	LL (13号)
身長	153	158	163	168
バスト	79	82	85	88
ウエスト	61	64	67	70

この本のワンピースの出来上り寸法は、左表の参考寸法表（ヌード寸法）を基に、その服に必要なゆるみを足して算出しています。実物大パターンは4サイズありますので、作りたいワンピースの出来上り寸法表とあわせて、いちばん近いサイズを選びましょう。この時、バストを基準に選ぶと、サイズ補正がしやすいです。

{ サイズ補正 }

実物大パターンから自分のサイズに近いものを選び、必要であれば部分的に調整します。
ここでは、初めてのかたでも簡単にできるサイズ補正をご紹介します。

スカート丈を短くしたい

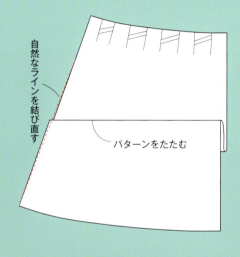

スカート丈を長くしたい

どのくらいの長さにしたらいいか悩んだら、お手持ちの服のスカート丈をはかってみると参考になりますよ

ウエストを広くしたい

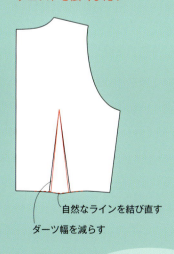

袖口を広くしたい

タック幅を減らす
（例／各0.5cmずつ減らすと、0.5cm×4本＝2cm増える）

前後身頃を均等に調整したら、スカートのウエストも同じ寸法になるように調整することをお忘れなく!

About Pattern
実物大パターンについて
{ パターンの記号と名称 }

実物大パターンには、縫合せに必要な情報がたくさん入っています。
それぞれの意味やルールを理解して、きちんとしたパターンを作りましょう。

タック
布地をたたみ、ひだを作ること。2本斜線は、上から下に向かってたたむことを表わしている。

わ
左右対称のパターンの半身の中心線。破線で表わす。折りたたんだ布地の折り山（わ）にパターンのわをそろえて置き、2枚一緒に裁つので、縫い代は不要。

布目線
布地のたて糸の方向（布目方向）を表わす線。（→p.35）

合い印
縫い合わせるときにずれないようにつける印。パターンにあるこの印はすべて写す。

出来上り線
縫上りの線。この線上をミシンで縫う。布地はこの線にそって裁つのではなく、必ず指定寸法の縫い代をつけて裁つ。

ダーツ
三角につまんで縫うこと。平らな布地が立体になり、身体にそうようになる。

パターンには大切な情報がいっぱい！しっかり覚えましょう

布目線（バイアス）
バイアスに裁つ場合は、布目線をこのように表わす。

ギャザー
布地を縫い縮めてふんわりとしわを寄せること。ギャザー止めの指示がある場合は、その範囲にギャザーを寄せる。

｛ 縫い代つきパターンを作る ｝

付録の実物大パターンには縫い代がついていないので、縫い代つきパターンを作ります。
パターンどおりに裁断でき、出来上りに線を引いて、やさしく縫うことができますよ。

1 実物大パターンを広げ、作りたいワンピースの各パーツ、サイズを蛍光マーカーで線をなぞる。線が入り組んでいるので、ここでしっかり確認。2着以上作るときは色分けを。

2 ハトロン紙のざらざらした面を上にして実物大パターンに重ねてウエイトを置き、鉛筆で線をなぞる。直線は方眼定規を使って正確に。

3 衿ぐりなどの曲線は、点線を描きながらなぞると、フリーハンドでもゆがまずに写すことができる。

4 合い印、布目線、パーツ名なども書き写す。

5 ［裁合せ図］を参照して縫い代線を引く。直線は方眼定規で平行線を引き、曲線は定規の短い辺を少しずつ動かしながら点線をつけるとよい。

6 ハトロン紙を縫い代線にそってカットする。

衿ぐりやダーツなどカーブからつながる角の縫い代は、こんな風につけます

縫い代に角度をつける方法

1 衿ぐりの縫い代を引いたら、肩の出来上り線で紙を折る。透けて見える縫い代を紙の裏側になぞる。

2 紙を開く。1で引いた線が縫い代になる。こうして出来上りの状態にして線を引かないと、縫い代が足りなくなることも。

ABOUT CUTTING AND MARKING
裁断と印つけについて

｛ 裁断 ｝

作りたいワンピースの［裁合せ図］を参照して、布地の上に縫い代つきパターンを配置します。パターンどおりに布地を切り取ります。

パターンに「わ」とあるものは、布地を折る。このとき、布地が汚れないように中表に折るのが基本だが、ここでは両面チャコピーで印つけをするので外表に折る。

布地の耳とパターンの布目線を平行にして、まち針を角にとめる。まち針は写真のように斜めにとめる。

布地を折り、パターンの「わ」と合わせて配置する。2枚一緒に布地を裁つと、左右対称のパーツがとれる。

切り取ったところ。パターンは外さないでおく。

裁合せは、サイズによって配置が異なることも。すべてのパターンを置いてきちんと入ることを確認してから、裁断してくださいね☆

布地に対して垂直に、はさみを根もとから入れる。布地を切っている間は、はさみの下刃を机につけるようにして、浮かさずに動かす。

布地を動かすのではなく、自分が動いて、布地の正面からはさみを入れるようにしましょう。

知っておきたい「柄合せ」のこと

縞柄や大きな柄、柄に上下の向きがあるものなどは、縫い合わせたときに、柄と柄が美しく合うように裁断をする必要があります。これを「柄合せ」と言います。
作り方ページにある［裁合せ図］は、この本に掲載のワンピースと同じ布地を使用した場合の、パターンの配置を表わしています。
柄合せが必要な布で作る場合は、布地を多めに用意します。

縦縞の場合

後ろ中心、前中心に、縞柄の中心がくるようにパターンを配置します。「わ」でとるときは、布地を縞柄の中心で折ります。この本に掲載のワンピースは、すべてウエスト切替えなので、身頃とスカートの縞柄がそろうように気をつけます。袖山の中心も、縞柄の中心に合わせます。

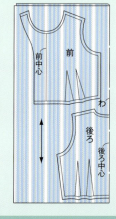

{ 印つけ }

布地を裁ったら、パターンをつけたまま印をつけます。
はさみとチャコピーで入れる印が、それぞれのパーツを縫い合わせるときの案内になりますよ。

中心線は、縫い代の0.2cmくらいを三角に切り落とす。

小さな三角の切込みができた。

肩線、脇線、裾線、ダーツ線などの出来上り位置に、縫い代に0.2cmくらいの小さな切込み（ノッチ）を入れる。合い印にも同様にノッチを入れる。ノッチを合わせてまち針をとめ、それを目安に縫っていく。

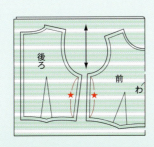

縫うときに出来上り線がないと不安な場合は、両面チャコピーを2枚の布地の間にはさみ、ルレットを少しずつ押し回し、印をつける。

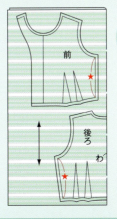

布地の両面に印がつく。角やダーツには十字に印をつける。

袖や衿の前後など、間違えやすいものには印をつけておくとGOOD☆

横縞の場合

前後身頃、前後スカートなど、縫い合わせる脇（★）で柄が合うようにパターンを配置します。
この本に掲載のワンピースは、すべてウエスト切替えなので、身頃とスカートの柄がつながるように気をつけます。

チェックのときは、縦のラインも横のラインも考えて、パターンを配置します

BEFORE SEWING
縫い始める前に知っておきたいこと

{ 接着芯 }

接着芯とは、裏に接着剤がついている芯地のこと。アイロンで熱を加えて布地の裏にはりつけます。布地に適度な張りを与え、伸びや形くずれを防ぎます。

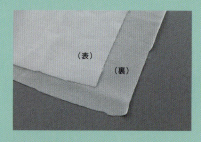

ワンピースに向く接着芯は？
張りをもたせたい見返しや衿などに接着芯をはる。この本のワンピースは、すべてダンレーヌ接着芯R111を使用。この接着芯は薄手の織り地タイプでストレッチ性が高く、綿、麻、シルクなど、さまざまな素材の薄手から中厚手の布地に合う。

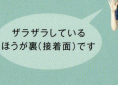

ザラザラしているほうが裏（接着面）です

接着芯の裁ち方

裁断した布をパターン代りにする
接着芯の上に裁断した布（接着芯をはりたいパーツ）を重ね、布地の大きさどおりに裁断する。

粗裁ちした布にあらかじめ接着芯をはっておく
接着芯をはりたいパーツが小さい場合は、粗裁ちした布にパーツよりもひと回り大きい接着芯をはって切り取る。

接着芯のはり方

中温のドライアイロンで、当て紙（ハトロン紙など）の上から押さえる。アイロンはすべらせると布のゆがみの原因になるので、10秒くらいずつ押し当て、少しずつ位置をずらして熱を加える。

{ アイロンのかけ方 }

ソーイングをするときは、いつも傍らにアイロンを。縫う前や縫ったあとにこまめにアイロンをかけることが大切です。

これ以外に、縫い代を割る、ギャザーを押さえるなど、あらゆる場面で活躍

たとえばこんなシーンで…

縫い代やダーツを倒す

折り目をつける

形を整える

{ 縫い代の始末 }

裁断した布の切り口（裁ち端）は、縁かがり専用のロックミシンがない場合は、家庭用ミシンについているジグザグ機能か、端ミシンをかけてほつれるのを防ぎます。縫い合わせたあとは、アイロンで丁寧に始末しましょう。

ジグザグミシン

縫い代を1cm多めにつけてジグザグミシンをかけてから、余分を切り落とす方法もあります

縫い代の際にジグザグミシンをかける。本縫いをしてから2枚一緒にかける場合もある。

端ミシン

縫い代を0.5cm多めにつけて布端をアイロンで折り、縫い代だけをミシンで縫う。

縫い代を倒す（片返し）

布地を中表に合わせて縫い、縫い代を2枚一緒にジグザグミシンまたはロックミシン。アイロンで片側に倒す。

縫い代を割る

布地を中表に合わせて縫い、縫い代をアイロンで割る（縫い代を中央から開く）。

{ まち針としつけ }

縫う前のひと手間を惜しまないことが、きれいな仕立てへの近道です。

まち針をとめる

2枚の布地を縫い合わせるときは、ずれないようにまち針をとめる。縫う線に対して、垂直になるようにとめるのが基本。

しつけをする

縫合せが難しい場所は、本縫いの前にしつけをすると、仕上りが格段ときれいに。ほどきやすいように、出来上り線よりやや外側を縫う。

{ 返し縫い }

バックで2〜3針縫ってから、同じところに重ねて縫うことを「返し縫い」と言います。縫始めと縫終りは、返し縫いを習慣づけて

LET'S SEW YOUR DRESS
ワンピースを縫ってみましょう

p.10「クラシカルワンピース」のパターンを使って、
ワンピースの縫い方をレッスンしましょう。

【材料】
布［濃紺シルクシャンタン刺繍］…110㎝幅
S・Mは2.2m／L・LLは2.4m
接着芯（衿ぐり見返し）…90㎝幅 20㎝
コンシールファスナー…56㎝を1本
スプリングホック…1組み

※ここでは布の表裏がわかりやすいように、
デニム生地を使っています

出来上り寸法表　　　　　　　　　　単位は㎝

	S	M	L	LL
バスト	89	92	95	98
ウエスト	67	70	73	76
背肩幅	31	32	33	34
背丈	32.6	33	33.4	33.8
スカート丈	55	55.6	56.2	56.8

【裁合せ図】

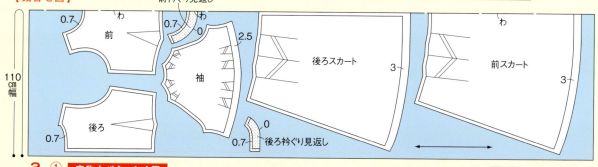

a-① 実物大パターンA面　　　　＊指定以外の縫い代は1　　＊▨は接着芯をはる

準備 ・衿ぐり見返しに接着芯をはる。
・身頃の肩、脇、後ろ中心、袖口、袖下、衿ぐり見返しの外回り、スカートの後ろ中心、脇、裾に、ジグザグミシンをかける（ここではロックミシンを使用）。

LET'S SEW YOUR DRESS

 身頃の
ダーツを縫う

1 後ろ身頃のダーツの線を中表に合わせ、まち針でとめる。

2 ダーツの広いほう（ウエスト側）から先に向かってミシンで縫う。先は返し縫いしないで糸端を約10cm残して切る。

3 残した糸は2本一緒に結ぶ。輪に目打ちを入れ、ダーツの先端を押さえて引くと、際で結び目を作ることができる。

4 糸端を針に通し、縫い目にくぐらせる。4〜5目くぐらせたら、余分な糸をカットする。

袖まんじゅう
手芸店で購入可。新聞紙を丸めたものを木綿の布で包めば、代用品に

5 ダーツを後ろ中心に向かって倒し、アイロンをかける。袖まんじゅう（丸みのあるアイロン台）などの上で、縫い目を開くようにしてかけると、きれいな仕上りに。

6 ダーツの出来上り。前身頃も同様にダーツを縫い、前中心に向かって倒す。

 スカートの
タックを縫う

7 スカートのタックの合い印を中表に合わせ、ミシンまたはしつけで仮どめする。

8 「わ」の部分を開き、タックの裏からアイロンをかけ、ひだを整える。

9 ひだが開かないように、縫い代を縫いとめる。ミシンでもしつけでもよい。ひだ山が突合せになった。

ウエストを縫い合わせる

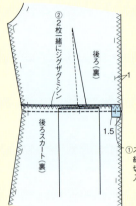

10 後ろ身頃と後ろスカート、前身頃と前スカートのウエストを中表に合わせてミシンで縫う。縫い代は2枚一緒にジグザグミシンをかけ、身頃側に倒す。

後ろ中心を縫う

11 後ろ中心のファスナー止りから下をミシンで縫う。ファスナー止りは返し縫いをする。

コンシールファスナーをつける

12 ファスナー止りから上を大きな針目のミシンで縫う。あとからほどくので、返し縫いはしない。

> 後ろ中心とウエストの縫合せの十字をぴったり合わせましょう

> しつけが大事!!急がずやってみましょう!

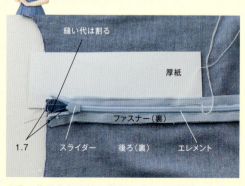

13 後ろ中心の縫い代をアイロンで割り、コンシールファスナーの中心を後ろ中心に合わせてまち針でとめ、エレメントの際の縫い代のみにしつけをする。このとき、縫い代の下にはがきなどの厚紙をはさむと、縫いやすい。

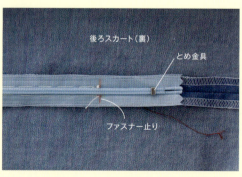

14 ファスナーのとめ金具はファスナー止りより下げておく。

LET'S SEW YOUR DRESS

コンシール押え

15 大きな針目のミシンをほどく。

16 スライダーを下げ、ファスナー止りのすきまから裏へ通して、ファスナー止りより下げておく。

17 ミシンの押え金をコンシール押えに替える。縫い代を開き、エレメント（ファスナーのかみ合せ部分）を起こして押え金の溝にはめ込み、針を際に落とす。エレメントを起こしながら際にミシンをかける。

ここで上げ忘れると、ファスナーが閉まらなくなるので注意！

18 ファスナー止りまでを縫う。縫い目はエレメントに隠れて見えなくなる（ここでは、わかりやすいようにエレメントを開いて見せている）。

19 押え金を普通の押え金に戻し、ファスナーテープの端と縫い代の端を縫い合わせる。

20 スライダーをファスナー止りのすきまから上に引き上げる。

21 ファスナーのとめ金具をファスナー止りまで移動させ、ペンチで締めて固定する。とめ金具から2cmのところで余分なファスナーをカットする。

22 ファスナーがついたところ。

47

肩を縫う

23 前後身頃の肩を中表に合わせて、ミシンで縫う。縫い代はアイロンで割る。

見返しをつける

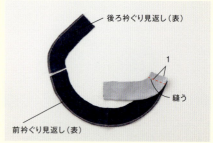

24 見返しに接着芯をはり、外回りにジグザグミシンをかけておく。前後見返しを中表に合わせて肩をミシンで縫う。縫い代はアイロンで割る。

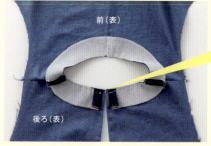

25 見返しと身頃を中表にし、合い印を合わせて重ねる。見返しの端を折り返し、衿ぐりにしつけをする。ファスナーをつけた縫い代を、見返しの上に折り返してまち針でとめる。

> 縫い目まで切らないようにはさみの先を使って！

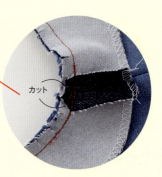

26 衿ぐりをミシンで縫う。衿ぐりがつれないように、カーブに1cm間隔で縫い目の際まで切込みを入れる。肩の縫い代は三角に切り落とす。布地の重なりをカットすることで、すっきりと仕上がる。

LET'S SEW YOUR DRESS

アイロンの先を使って、ていねいにかけておくと、きれいに折り返せます

27 縫い代は、縫い目の際から身頃側に折り、アイロンで整える。衿ぐりを伸ばさないように注意する。

28 見返しを表に返して際から折り、アイロンで整える。

29 表に返したところ。

30 縫い代を見返し側に倒し、見返しの衿ぐりに、縫い代をとめるステッチを表からかける。見返しにしわが寄らないように気をつける。後ろ中心から、2〜3cmあけて縫う。

31 衿ぐりにステッチをかけたところ。

脇を縫う

32 前後身頃と前後スカートを中表に合わせ、脇をミシンで縫う。縫い代はアイロンで割る。

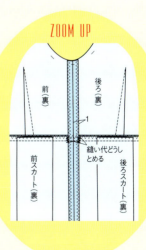

ZOOM UP

49

袖口のタックを
中縫いにする

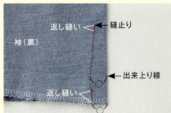

33 タックの合い印を中表に合わせ、袖口の縫い代は同じ幅（○）、袖口の出来上り線から縫止りまでは斜めの直線でミシンで縫う。縫始めと縫止りは返し縫いをする。

34 同様に、タックを4本縫う。タックは内側へ向かって倒し、アイロンで押さえる。

袖を縫う

35 袖口の縫い代をアイロンで折ってまち針でとめ、袖下を中表に合わせてミシンで縫う。縫い代は割る。

36 袖山のタックをたたみ、出来上り線よりやや外側にしつけをする。

37 ミシン糸1本どりで、袖口を奥まつり（→p.57）でまつる。

38 袖の出来上り。

袖をつける

合い印どうしをとめてから、間を埋めるようにまち針をとめていくときれいです

39 袖を身頃の中に入れ、袖ぐりの合い印を合わせてまち針でとめる。

40 袖ぐりにしつけをする。袖側が少し余るので、なじませながら細かく縫う。

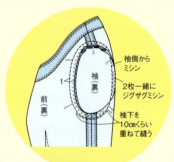

袖側からミシン
2枚一緒にジグザグミシン
袖下を10cmくらい重ねて縫う

41 袖側を見ながらミシンでぐるりと縫う。縫い代は2枚一緒にジグザグミシンをかけ、袖ぐり上半分を袖側に倒す。

LET'S SEW YOUR DRESS

アイロン定規
はがき程度の厚紙に1cm間隔に平行線を引いたものを用意しておくと便利

裾をまつる

裾をまつる前に試着してみましょう♪

42 裾の縫い代をアイロンで折り上げる。アイロン定規を使うと、手早くきれいに折り目がつく。

43 ミシン糸1本どりで、裾を奥まつり（→p.57）でまつる。

仕上げ

44 見返しの肩と後ろ中心をまつる。

45 ミシン糸2本どりで、見返しにスプリングホックを縫いつける（→p.57）。右後ろにはかぎ側を、左後ろにはループ側をつける。

FINISH!
ワンピースができました

FRONT　　BACK

51

ONE POINT LESSON
ワンポイントレッスン

{ 袖のバリエーション }

この本のワンピースのパターンはすべて、袖ぐりの形も袖つけの方法も同じ。好きな袖を作って、組合せ自在に替えることができます。

好みの組合せを見つけましょう！

カフスつきスリーブ

p.10「クラシカルワンピース」の袖の袖口にカフスをつけたアレンジ。カフスの布を替えてアクセントにしても。

ZOOM UP

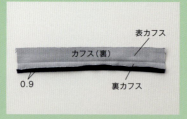

1 袖口のギャザー位置にギャザーミシン（大きな針目のミシン）を2本かける。ギャザー止りより2〜3cmずつ長めに縫う。返し縫いはしない。

2 カフスの裏に接着芯をはり、中央と裏カフス（着用時の内側）の縫い代にアイロンをかけて折り目をつける。

3 袖にギャザーを寄せ、表カフス（着用時の外側）と中表に合わせ、ミシンで縫う。縫い代はカフス側に倒す。

4 袖下を中表に合わせて、カフスまで続けてミシンで縫う。縫い代は割る。

5 裏カフスを折り返し、袖口を表カフス側からミシンで縫う。

6 袖山のタックをたたみ、出来上り線よりやや外側にしつけをする（→p.50-36）。袖の出来上り。

フレアスリーブ

肩から袖口にかけて広がり、ゆるやかに波打つ袖。薄手の布なら、2段重ねにすることもできます。

1 袖口と袖下にジグザグミシンをかけ、袖口の縫い代をアイロンで折る。袖下を中表に合わせてミシンで縫う。縫い代は割る。

2 袖口は二つ折りにしてミシンで縫う。袖山のギャザー位置にギャザーミシン（大きな針目のミシン）を2本かける。ギャザー止りより2～3cmずつ長めに縫う。返し縫いはしない。

3 身頃のつけ寸法に合わせて、ギャザーを寄せる。袖の出来上り。

チューリップスリーブ

袖山を2枚重ねで縫った、花びらのような形の袖。前袖と後ろ袖とで違う布を使うとオリジナリティがUP☆

1 前袖と後ろ袖の袖口にそれぞれジグザグミシンをかけ、縫い代をアイロンで折る。写真は後ろ袖。

2 袖口を二つ折りにしてミシンで縫う。写真は前袖。

3 前袖と後ろ袖の合い印を合わせて重ね、袖山のギャザー位置にギャザーミシン（大きな針目のミシン）を2枚一緒に2本かける。ギャザー止りより2～3cmずつ長めに縫う。返し縫いはしない。

4 袖下を出来上りに突き合わせ、重なった縫い代をミシンで3回縫う。

5 身頃のつけ寸法に合わせて、ギャザーを寄せる。袖の出来上り。

袖がきれいに縫えていると、出来上りがワンランクUP☆アイロンを駆使して、ふんわり立体的に仕上げて

{ 衿ぐりのフリル }

カシュクールの衿ぐりにフリルをつける際は、
バイアステープで縁どりします。
カーブのなじみがよく、ほつれにくいバイアステープは、
フリルやリボンにも利用できるので、覚えておくと便利。

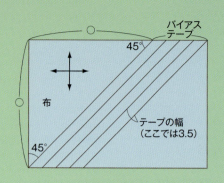

バイアステープを作る

布端を合わせると、開いたときにずれてしまいます

1 右上図を参照してバイアスに布地を裁つ。テープをつなぐときは、中表にし、両端の縫い代分をずらして合わせて縫う。

2 縫い代をアイロンで割る。余分な縫い代はカットする。

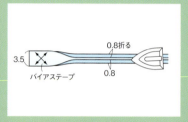

3 アイロンで折り目をつける。

フリルを作る

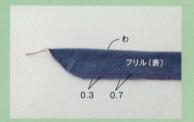

4 フリルを外表に二つ折りにし、裁ち端側（丸くカットした側）にギャザーミシン（大きな針目のミシン）を2枚一緒に2本かける。返し縫いはしない。

5 衿ぐりのつけ寸法に合わせて、ギャザーを寄せる。丸くカットした側とは反対側がカーブになる。

見返しを縫う

6 見返しには接着芯、身頃の衿ぐりには伸止めテープをはる。前端と見返しを中表に合わせミシンで縫い、縫い代は身頃側に倒す。

フリルをつける

7 見返しを表に返し、フリルと衿ぐりの裁ち端をそろえ、ミシンで仮どめする。

8 バイアステープを広げて身頃と中表に重ね、テープの折り山をミシンで縫う。

9 テープで縫い代をくるみ、8の縫い目に0.1かぶせる。テープの前端は出来上り線で折り込む。しつけをして、表側からミシンで縫う。

｛衿のつけ方｝

ONE POINT LESSON

前あきのワンピースの衿のつけ方は共通です。
衿先の形を角にするアレンジは79ページで紹介しています。

丸衿を作る

カーブが左右対称になるように
ていねいに縫うことが大切です☆
がんばって!!

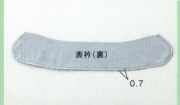

1 表衿に接着芯をはり、表衿と裏衿を中表に合わせ、外回りをミシンで縫う。

2 カーブの縫い代にギャザーミシン（大きな針目のミシン）をかける。

3 糸を引いて、カーブに合わせてギャザーを寄せる。縫い代を1の縫い目の際からアイロンで表衿側に折ってギャザーをつぶす。

衿をつける

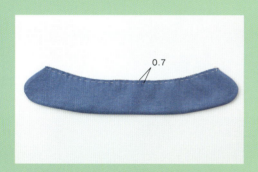
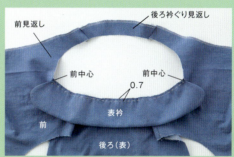

4 表に返し、アイロンで整える。裁ち端側がずれた場合はずれたまま平らにしてしつけをする。ステッチの指定がある場合は、ここで外回りを表衿側からミシンで縫う。

5 身頃の肩を中表に合わせてミシンで縫い、縫い代は割る。身頃の衿ぐりと衿の合い印を合わせ、しつけで縫う。見返しの肩も同様に縫い合わせ、縫い代は割る。

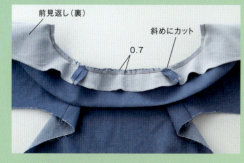

6 身頃と見返しを中表に合わせ、衿ぐりをミシンで縫う。衿ぐりがつれないように、カーブに1cm間隔で切込みを入れる。肩の縫い代は斜めにカットする（→p.48-26）。

7 見返しを表に返す。衿ぐりの身頃側と見返し側の両方からアイロンをかけて整える。

{ パニエのゴムテープの縫い方 }

スカートをふんわりさせたいなら、パニエも手作りしましょう。
張りのあるポリエステルツイルのスカートにギャザーを寄せたチュールを2段重ねて、
ボリュームたっぷりに仕上げます。　see page 58

Front
長パニエ

Back
短パニエ

ウエストのゴムテープのつけ方

1 スカートの出来上り線に合わせてゴムテープをのせ、合い印を合わせてミシンで仮どめする。布地に対してゴムの長さが短いため、浮き上がる。

2 ゴムテープを伸ばしながら、表側からジグザグミシンをかける。

しのはら流　お裁縫の愉しみ

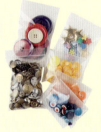

ボタンのストック
ボタンは、お洋服だけでなく、アクセサリー作りにも重宝するので、日ごろから気に入ったものを見つけては、買い求めています。着なくなったお洋服とサヨナラするときは、ボタンは外してとっておくんです。一度は役目を終えたお洋服のボタンを、新しい作品としてよみがえらせてあげましょう☆いつの間にかたくさん集まったボタンは、色やかたち、素材ごとにパッキングしています。メタルボタン、星ボタン、でかボタン、色別ボタン、などなど。こうしておけば、イメージがわいたときにさっと取り出せて、便利ですよ。

オリジナル力が大切です！

ネームタグ
お洋服作りの最後のひと針は、ネームタグつけ。これは、学生時代にデザイナー気分を高めたくてオーダーしたもので、以来、手作りのお洋服やバッグには、必ず縫いつけています。インターネットショップでオリジナルタグを作ってくれるところがたくさんあるので、自分のブランドを立ち上げた気分を味わってみてはいかがでしょうか。

基礎テクニック

玉結び

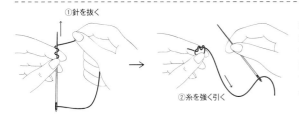

縫始めの糸が抜けないように作る結び玉のこと。針先に2〜3回糸を巻きつけて針を抜き、糸を引き締める

玉止め

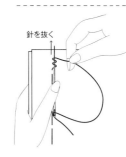

縫終りの糸が抜けないように作る結び玉のこと。針先に2〜3回糸を巻きつけて針を抜き、糸を引き締める

普通まつり

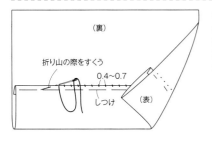

布端を折ってしっかりとめつける方法。折り山に針を出し、織り糸1〜2本をすくう

奥まつり

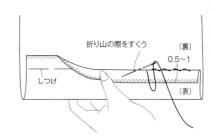

縫い代をめくり、折り山の際に針を出し、織り糸1〜2本をすくう

ボタンのつけ方

スナップのつけ方

糸の輪に針を通して糸を引いて結び玉を作り、とめつける

最後は玉止めをしてスナップの下に引き込んで糸を切る

スプリングホックのつけ方

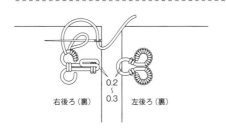

この本では、パターンa①〜④のワンピースの後ろ衿ぐり見返しにつけています

糸ループ

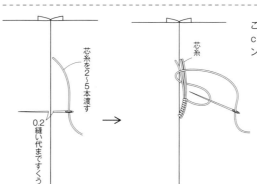

この本では、パターンb①〜④、c①〜④のワンピースの脇のリボン通しを作るときに使います

page 4~26
d パニエ

実物大パターンA面

【材料】指定以外、各サイズ共通
布[ハードツイル]…130cm幅（長パニエ）80cm（短パニエ）70cm
　[ソフトチュール]…186cm幅 4.5m
ゴムテープ…20mm幅 Sは63、Mは66、Lは69、LLは72cm
Zカン…内径20mmを1個

【作り方】
準備
- 後ろ中心、脇、ウエスト、裾にジグザグミシンをかける。

1. 後ろ中心のあき止りから裾までを縫う。縫い代は割る。あきを二つ折りにして縫う。
2. 脇を縫う。縫い代は割る。
3. 裾を二つ折りにして縫う。
4. ウエストにゴムテープをつける（p.56参照）。
5. Zカンをつける。
6. チュールの後ろ中心を縫う。縫い代は割る。ギャザーを寄せて土台につける。

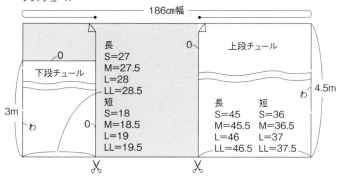

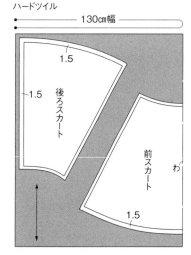

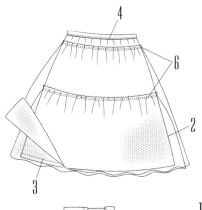

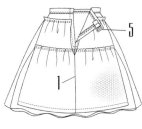

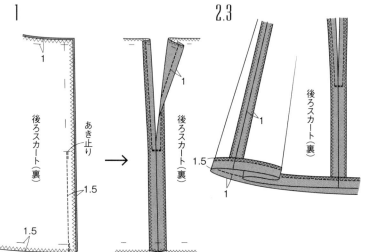

出来上り寸法表　単位はcm

	S	M	L	LL
ウエスト	62	65	68	71
スカート丈（長）	46.8	47.4	48	48.6
スカート丈（短）	37.8	38.4	39	39.6

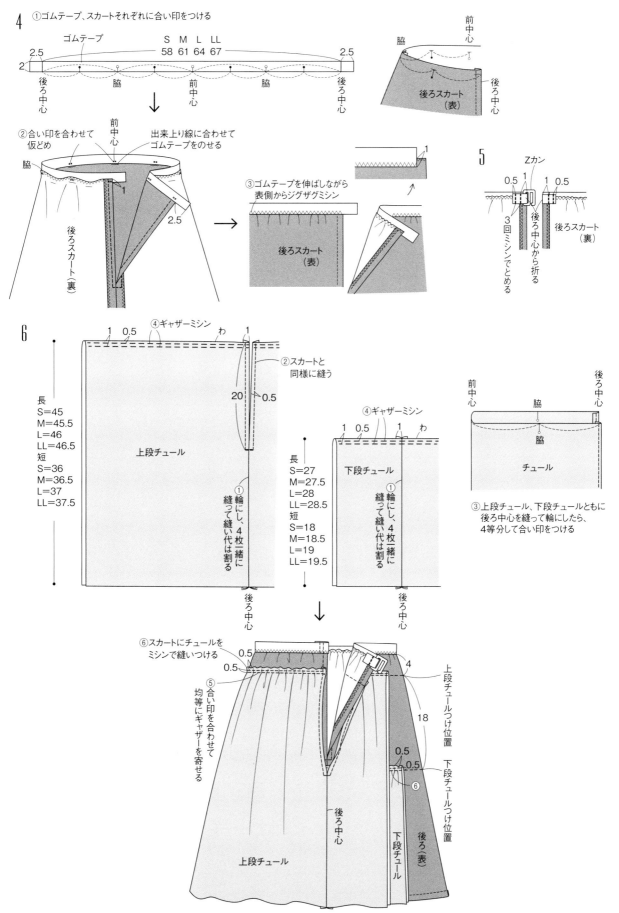

page 4
a・② トリコロールレースワンピース
実物大パターンA面

【材料】 指定以外、各サイズ共通
布［綿レースボーダー］…105㎝幅 S・Mは2.6m／L・LLは3.2m
接着芯（衿ぐり見返し）…90㎝幅 20㎝
コンシールファスナー…56㎝を1本
スプリングホック…1組み

【作り方】 7以外は、p.44「クラシカルワンピース」参照
準備
・衿ぐり見返しに接着芯をはる。
・身頃の肩、脇、後ろ中心、袖口、袖下、衿ぐり見返しの外回り、スカートの後ろ中心、脇、裾にジグザグミシンをかける。

1. 前後身頃のウエストダーツを縫う。縫い代は中心側に倒す。
2. 前後スカートのタックをたたみ、縫い代を仮どめする。
3. 前後身頃と前後スカートのウエストをそれぞれ縫い合わせる。縫い代は2枚一緒にジグザグミシンをかけ、身頃側に倒す。
4. 後ろ中心のファスナー止りから裾までを縫う。縫い代は割る。
5. ファスナー位置を大きな針目のミシンで縫い、縫い代は割る。ファスナーをつける。
6. 身頃の肩を縫う。縫い代は割る。
7. 身頃の衿ぐりと見返しを縫い、表に返す。→図参照
8. 身頃とスカートの脇を縫う。縫い代は割る。
9. 袖（タックスリーブ）を作る。
10. 袖をつける。縫い代は2枚一緒にジグザグミシンをかけ、袖ぐり上半分を袖側に倒す。
11. 裾を二つ折りにして奥まつりでまつる。
12. 衿ぐり見返しの後ろ中心をファスナーにまつり、見返しを身頃の肩縫い代にまつる。後ろ中心にスプリングホックをつける。

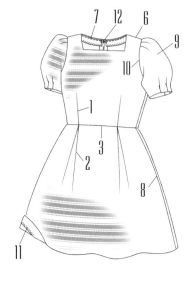
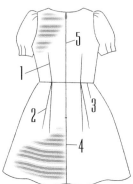

【裁合せ図】
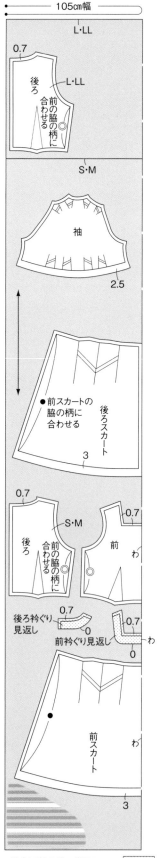

*指定以外の縫い代は1　*▨は接着芯をはる

出来上り寸法表
単位は㎝

	S	M	L	LL
バスト	89	92	95	98
ウエスト	67	70	73	76
背肩幅	31	32	33	34
背丈	32.6	33	33.4	33.8
スカート丈	46	46.6	47.2	47.8

7

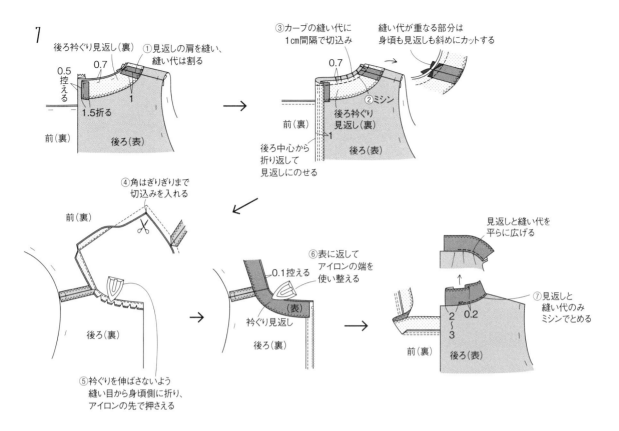

page 4
くるみボタンシュークリップ
実物大パターンなし

【材料（1組み分）】
布［綿レースボーダー］……直径7cmを2枚
リボン…30mm幅20cmを2本
くるみボタン・ブローチセット〈サークル40〉…1組み

【作り方】
1. くるみボタンを作る。
2. リボンをたたんで縫いとめる。
3. くるみボタンにリボンをボンドでつけ、シュークリップを縫いつける。

【裁ち方図】

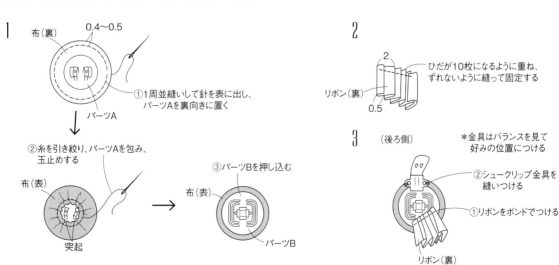

a・④ タータンチェックワンピース

実物大パターンA面

【材料】各サイズ共通
布［黄色綿シャンブレー］…120cm幅 80cm
　［綿先染めタータンチェック］…112cm幅 2.7m
接着芯（表衿、衿ぐり見返し、カフス）…90cm幅 40cm
コンシールファスナー…56cmを1本
スプリングホック…1組み

【作り方】7、8、10以外は、p.44「クラシカルワンピース」参照

準備
・表衿、衿ぐり見返し、カフスに接着芯をはる。
・身頃の肩、脇、後ろ中心、袖下、衿ぐり見返しの外回り、スカートの後ろ中心、脇、裾にジグザグミシンをかける。

1. 前後身頃のウエストダーツを縫う。縫い代は中心側に倒す。
2. 前後スカートのタックをたたみ、縫い代を仮どめする。
3. 前後身頃と前後スカートのウエストをそれぞれ縫い合わせる。縫い代は2枚一緒にジグザグミシンをかけ、縫い代は身頃側に倒す。
4. 後ろ中心のファスナー止まりから裾までを縫う。縫い代は割る。
5. ファスナー位置を大きな針目のミシンで縫い、縫い代は割る。ファスナーをつける。
6. 身頃の肩を縫う。縫い代は割る。
7. 衿を作る(p.55・1〜4参照)。→図参照
8. 衿をつける。→図参照
9. 身頃とスカートの脇を縫う。縫い代は割る。
10. 袖（カフスつきスリーブ）を作る(p.52参照)。→図参照
11. 袖をつける。縫い代は2枚一緒にジグザグミシンをかけ、袖ぐり上半分を袖側に倒す。
12. 裾を二つ折りにして奥まつりでまつる。
13. 衿ぐり見返しの後ろ中心をファスナーにまつり、見返しを身頃の肩縫い代にまつる。後ろ中心にスプリングホックをつける。

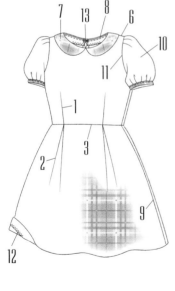

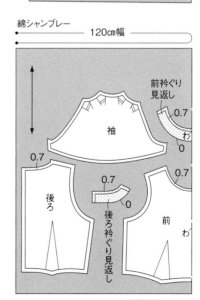

【裁合せ図】
綿先染めタータンチェック 112cm幅
綿シャンブレー 120cm幅

＊指定以外の縫い代は1　＊▒は接着芯をはる

出来上り寸法表　単位はcm

	S	M	L	LL
バスト	89	92	95	98
ウエスト	67	70	73	76
背肩幅	31	32	33	34
背丈	32.6	33	33.4	33.8
スカート丈	46	46.6	47.2	47.8

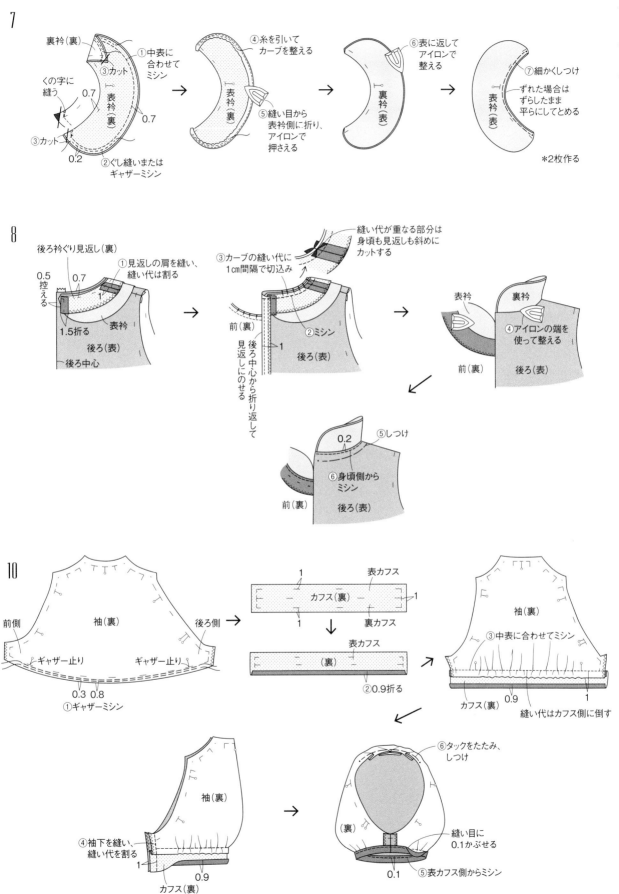

page 6
a・③ シルク刺繍ワンピース

実物大パターンA・B面

【材料】各サイズ共通
布［青シルクシャンタン刺繍］…120cm幅 2.2m
接着芯（衿ぐり見返し）…90cm幅 20cm
コンシールファスナー…56cmを1本
スプリングホック…1組み

出来上り寸法表　単位はcm

	S	M	L	LL
バスト	89	92	95	98
ウエスト	67	70	73	76
背肩幅	31	32	33	34
背丈	32.6	33	33.4	33.8
スカート丈	55	55.6	56.2	56.8

【作り方】9以外は、p.44「クラシカルワンピース」参照

準備
- 衿ぐり見返しに接着芯をはる。
- 身頃の肩、脇、後ろ中心、袖口、衿ぐり見返しの外回り、スカートの後ろ中心、脇、裾にジグザグミシンをかける。

1. 前後身頃のウエストダーツを縫う。縫い代は中心側に倒す。
2. 前後スカートのタックをたたみ、縫い代を仮どめする。
3. 前後身頃と前後スカートのウエストをそれぞれ縫い合わせる。縫い代は2枚一緒にジグザグミシンをかけ、身頃側に倒す。
4. 後ろ中心のファスナー止りから裾までを縫う。縫い代は割る。
5. ファスナー位置を大きな針目のミシンで縫い、縫い代は割る。ファスナーをつける。
6. 身頃の肩を縫う。縫い代は割る。
7. 身頃の衿ぐりと見返しを縫い、表に返す。
8. 身頃とスカートの脇を縫う。縫い代は割る。
9. 袖（チューリップスリーブ）を作る（p.53参照）。→図参照
10. 袖をつける。縫い代は2枚一緒にジグザグミシンをかけ、袖ぐり上半分を身頃側に倒す（p.76・図7参照）。
11. 裾を二つ折りにして奥まつりでまつる。
12. 衿ぐり見返しの後ろ中心をファスナーにまつり、見返しを身頃の肩縫い代にまつる。後ろ中心にスプリングホックをつける。

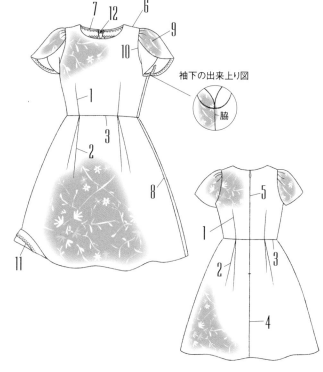

袖下の出来上り図

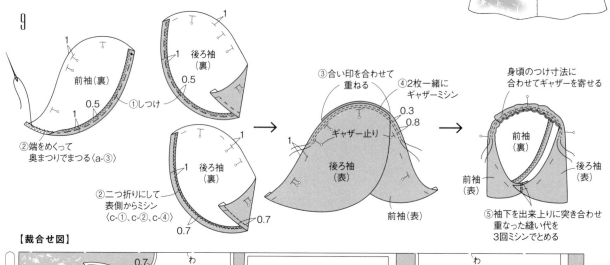

【裁合せ図】

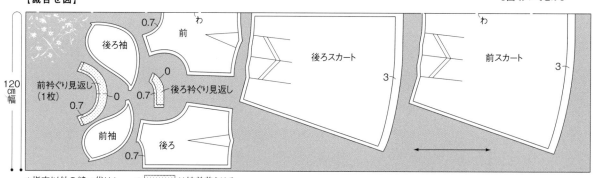

＊指定以外の縫い代は1　＊ [ ] は接着芯をはる

page 18
b・① 和風椿ワンピース
実物大パターンA・B面

【材料】指定以外、各サイズ共通
布[綿麻プリント]…110cm幅 S・Mは3.3m／L・LLは3.4m
接着芯(衿ぐり見返し、リボン)…90cm幅 S・Mは70cm／L・LLは80cm
伸止めテープ(前衿ぐり)…10mm幅 1.2m
スナップ…直径8mmを4組み

【作り方】
準備
- 衿ぐり見返し、リボンの一部に接着芯、前身頃の衿ぐりに伸止めテープをはる。
- 身頃の肩、脇、衿ぐり見返しの端、袖下、袖口、スカートの脇、裾にジグザグミシンをかける。
1. 前後身頃のウエストダーツを縫う。縫い代は中心側に倒す(p.45・1〜6参照)。
2. 身頃の肩を縫う。縫い代は割る(p.48・23参照)。
3. 身頃の衿ぐりと見返しを縫い、表に返す。→図参照
4. 身頃の脇を縫う。縫い代は割る(p.49・32参照)。
5. 袖(フレアスリーブ)を作る(p.53参照)。→図参照
6. 袖をつける。縫い代は2枚一緒にジグザグミシンをかけ、袖ぐり上半分を袖側に倒す。→図参照
7. 左前(上前)、後ろスカートのタックをたたみ、縫い代を仮どめする。→図参照
8. スカートの脇を縫う。縫い代は割る。→図参照
9. 裾を二つ折りにして縫う。→図参照
10. スカートの前端を三つ折りにして縫う。→図参照
11. 身頃とスカートのウエストを縫い合わせる。縫い代は全部一緒にジグザグミシンをかけ、身頃側に倒す。→図参照
12. 衿ぐり、前端、ウエストにステッチをかける。→図参照
13. スナップをつける(p.57参照)。→図参照
14. 脇にリボン用の糸ループをつける(p.57参照)。→図参照
15. リボンを作る。→図参照

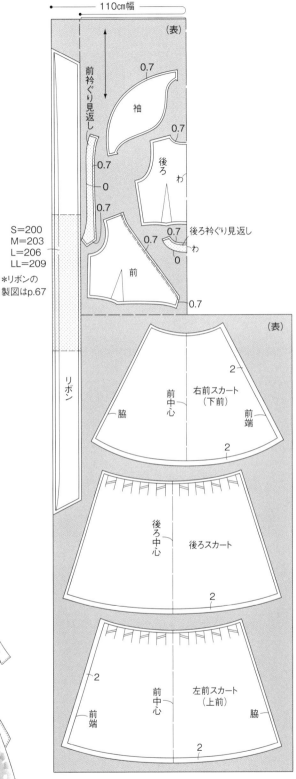

出来上り寸法表　単位はcm

	S	M	L	LL
バスト	89	92	95	98
ウエスト	65	68	71	74
背肩幅	31	32	33	34
背丈	33.8	34.2	34.6	35
スカート丈	54.8	55.4	56	56.6

*指定以外の縫い代は1
* ▨は接着芯・伸止めテープをはる

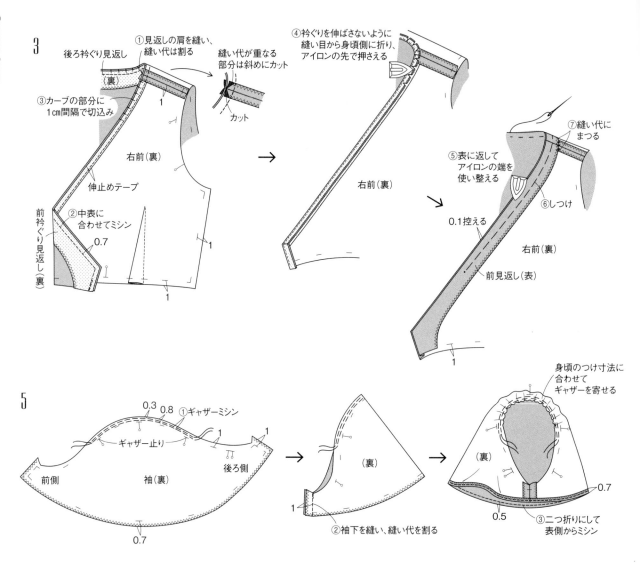
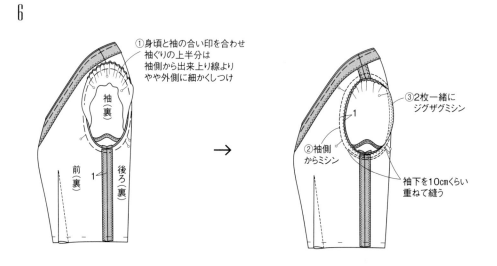

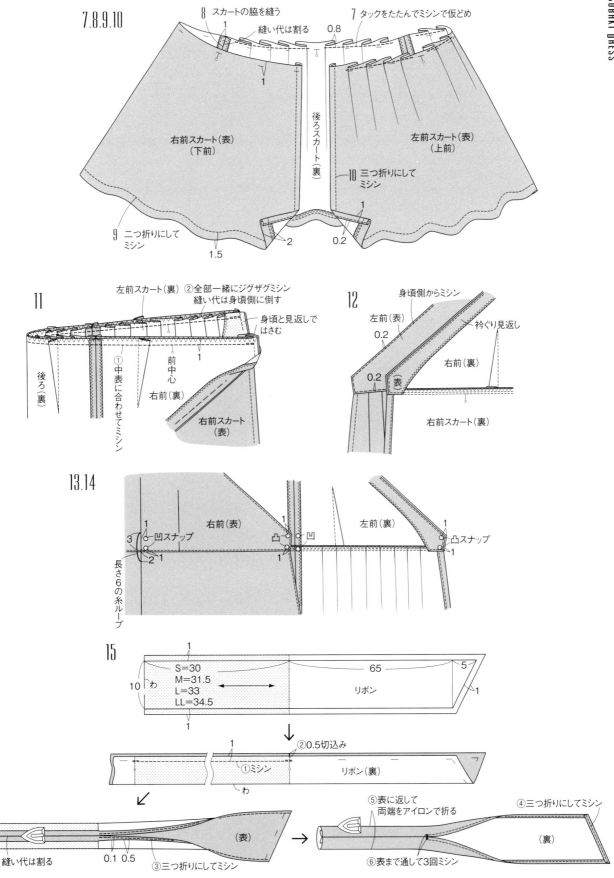

page 12
b・② ソーダブルーワンピース

実物大パターンA・B面

【材料】指定以外、各サイズ共通
布[水色リネン]…120cm幅 3.5m
接着芯(見返し、リボン)…90cm幅 S・Mは70cm／L・LLは80cm
伸止めテープ(前衿ぐり)…15mm幅 60cm(15mm幅のものを半分にカットして使用)
スナップ…直径8mmを4組み

【作り方】3、5、12、☆以外は、p.65「和風椿ワンピース」参照
準備
- 見返し、リボンの一部に接着芯、前身頃の衿ぐりに半分にカットした伸止めテープをはる。
- 身頃の肩、脇、見返しの端、袖下、袖口、スカートの脇、裾にジグザグミシンをかける。

1. 前後身頃のウエストダーツを縫う。縫い代は中心側に倒す(☆p.45・1〜6参照)。
2. 身頃の肩を縫う。縫い代は割る。
3. 身頃の衿ぐりにフリルをはさみ、バイアステープでくるむ(p.54参照)。→図参照
4. 身頃の脇を縫う。縫い代は割る。
5. 袖(フレアスリーブ2枚重ね)を作る。→図参照
6. 袖をつける。縫い代は2枚一緒にジグザグミシンをかけ、袖ぐり上半分を袖側に倒す。
7. 左前(上前)、後ろスカートのタックをたたみ、縫い代を仮どめする。
8. スカートの脇を縫う。縫い代は割る。
9. 裾を二つ折りにして縫う。
10. スカートの前端を三つ折りにして縫う。
11. 身頃とスカートのウエストを縫い合わせる。縫い代は全部一緒にジグザグミシンをかけ、身頃側に倒す。
12. 前端、ウエストにステッチをかける。→図参照
13. スナップをつける(p.57参照)。
14. 脇にリボン用の糸ループをつける(p.57参照)。
15. リボンを作る。

【裁合せ図】

120cm幅

S=200
M=203
L=206
LL=209

*リボンの製図はp.67

*指定以外の縫い代は1 *▨は接着芯、伸止めテープをはる

出来上り寸法表
単位はcm

	S	M	L	LL
バスト	89	92	95	98
ウエスト	65	68	71	74
背肩幅	31	32	33	34
背丈	33.8	34.2	34.6	35
スカート丈	54.8	55.4	56	56.6

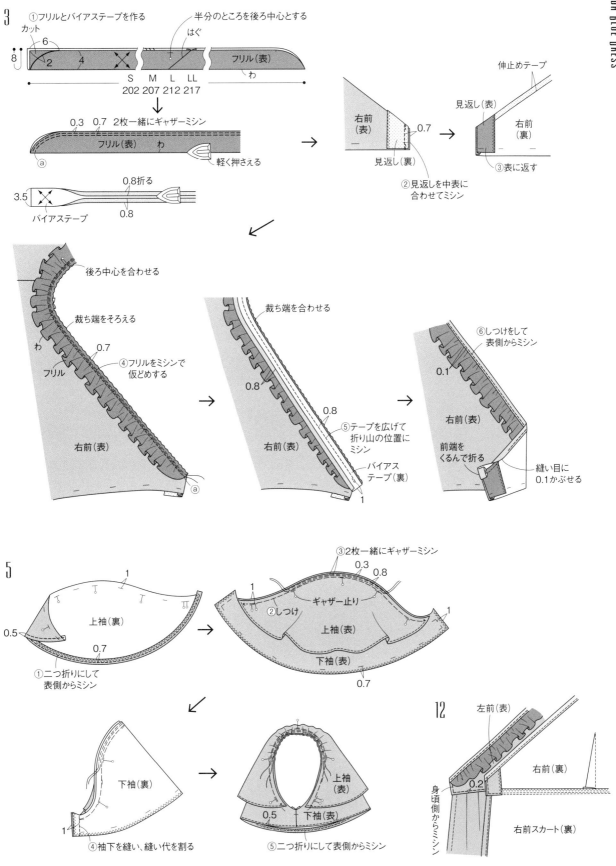

page 14
b・③ スカラップレースワンピース

実物大パターンA面

【材料】指定以外、各サイズ共通
布[綿スカラップレース]…104㎝幅 S・Mは4.7m／L・LLは4.9m
接着芯(見返し、カフス、リボン)…90㎝幅 40㎝
スナップ…直径8㎜を4組み

【作り方】3、7、8、☆以外は、p.65「和風椿ワンピース」参照
準備
・見返し、カフス、リボンの一部に接着芯をはる。
・身頃の肩、脇、見返しの端、袖下にジグザグミシンをかける。
1. 前後身頃のウエストダーツを縫う。縫い代は中心側に倒す。(☆p.45・1～6参照)。
2. 身頃の肩を縫う。縫い代は割る。
3. 前端に見返しをつける。→図参照
4. 身頃の脇を縫う。縫い代は割る。
5. 袖(カフスつきスリーブ)を作る(☆p.52、63・図10参照)。
6. 袖をつける。縫い代は2枚一緒にジグザグミシンをかけ、袖ぐり上半分を袖側に倒す(☆p.50・39～41参照)。
7. 前後スカートのタックをたたみ、縫い代は仮どめする。→図参照
8. スカートの前端を三つ折りにして縫う。→図参照
9. 身頃とスカートのウエストを縫い合わせる。縫い代は全部一緒にジグザグミシンをかけ、身頃側に倒す。
10. 前端、ウエストにステッチをかける。
11. スナップをつける(p.57参照)。
12. 脇にリボン用の糸ループをつける(☆p.57、p.73・図13参照)。
13. リボンを中央ではいで、リボンを作る。

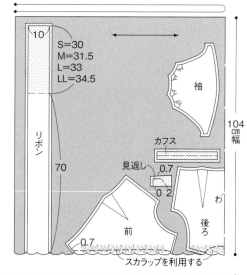

【裁合せ図】
*指定以外の縫い代は1
* ▓ は接着芯をはる

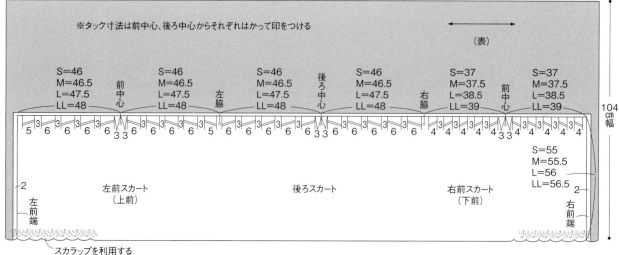

出来上り寸法表　単位は㎝

	S	M	L	LL
バスト	89	92	95	98
ウエスト	65	68	71	74
背肩幅	31	32	33	34
背丈	33.8	34.2	34.6	35
スカート丈	55	55.5	56	56.5

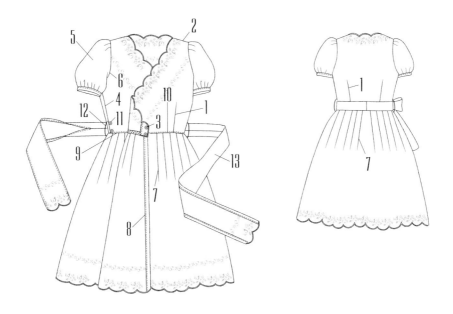

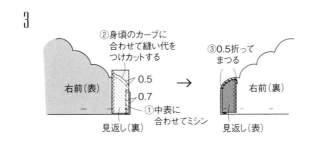

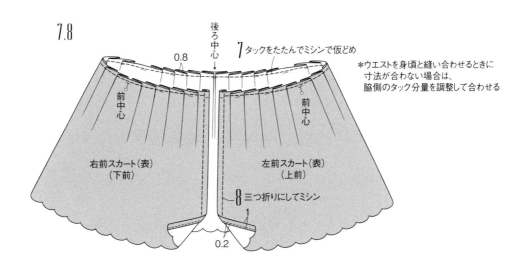

page 16
b・④ サンセットワンピース

実物大パターンA・B面

【材料】指定以外、各サイズ共通
布[綿グラデーションプリント]…110cm幅 S・Mは4.3m／L・LLは4.5m
接着芯（衿ぐり見返し、リボン）…90cm幅 S・Mは70cm／L・LLは80cm
伸止めテープ（前衿ぐり）…10mm幅 1.2m
スナップ…直径8mmを4組み

【作り方】7、8、9、13、☆以外は、p.65「和風椿ワンピース」参照
準備
- 衿ぐり見返し、リボンの一部に接着芯、前身頃の衿ぐりに伸止めテープをはる。
- 身頃の肩、脇、衿ぐり見返しの端、袖下、袖口、スカートの裾にジグザグミシンをかける。

1. 前後身頃のウエストダーツを縫う。縫い代は中心側に倒す（☆p.45・1～6参照）。
2. 身頃の肩を縫う。縫い代は割る。
3. 身頃の衿ぐりと見返しを縫い、表に返す。
4. 身頃の脇を縫う。縫い代は割る。
5. 袖（フレアスリーブ）を作る。
6. 袖をつける。縫い代は2枚一緒にジグザグミシンをかけ、袖ぐり上半分を袖側に倒す。
7. 前後スカートのタックをたたみ、縫い代を仮どめする。→図参照
8. 裾を二つ折りにして縫う。→図参照
9. スカートの前端を三つ折りにして縫う。→図参照
10. 身頃とスカートのウエストを縫い合わせる。縫い代は全部一緒にジグザグミシンをかけ、身頃側に倒す。
11. 衿ぐり、前端、ウエストにステッチをかける。
12. スナップをつける（p.57参照）。
13. 脇にリボン用の糸ループをつける（p.57参照）。→図参照
14. リボンを作る。→図参照

【裁合せ図】
※指定以外の縫い代は1
※ ▨ は接着芯・伸止めテープをはる

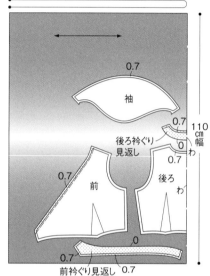

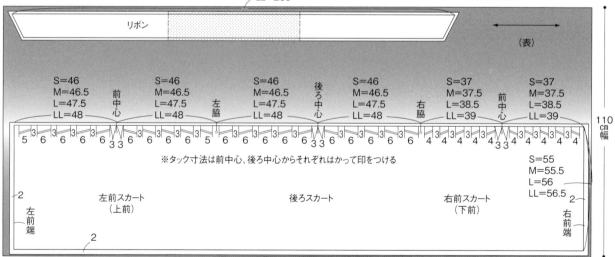

出来上り寸法表				単位はcm
	S	M	L	LL
バスト	89	92	95	98
ウエスト	65	68	71	74
背肩幅	31	32	33	34
背丈	33.8	34.2	34.6	35
スカート丈	55	55.5	56	56.5

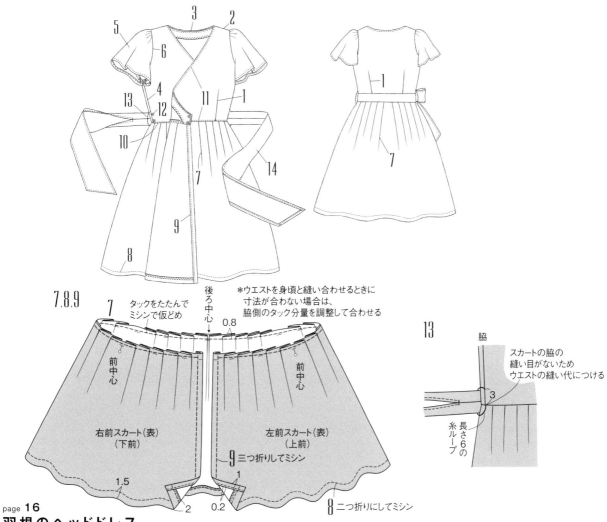

page **16**
羽根のヘッドドレス
実物大パターンなし

【材料】
羽根…17枚
ヘアコーム金具…幅20㎜
フェルト…4.5×7.5㎝のだ円形を2枚
ビーズ…21㎜（ピンク、黄色、白、クリスタル）各1個、18㎜（パール、紫、ピンク、黄色）各1個、15㎜（パール1個）、10㎜（クリスタル2個）
鳥モチーフ…1個

【作り方】
1. 羽根とビーズと鳥モチーフを図のようにバランスを見ながらフェルトにつける。
2. もう1枚のフェルトにコームを縫いつけ、フェルトどうしをボンドではり合わせる。

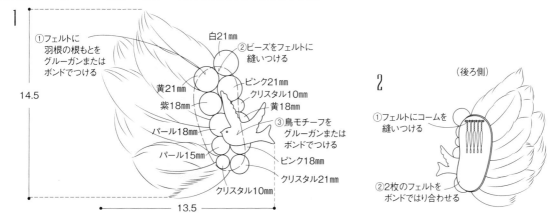

page 20
C・① 50'sストライプワンピース
実物大パターンB面

【材料】指定以外、各サイズ共通
布［綿ストライプ］…112cm幅 S・Mは3.1m／L・LLは3.2m
　［白無地］…112cm幅 20cm
接着芯（表衿、身頃前見返し、スカート前見返し、後ろ衿ぐり見返し、ベルト）…90cm幅 S・Mは80cm／L・LLは90cm
伸止めテープ（身頃ウエスト）…12mm幅 1m
ボタン…直径18mmを10個
スナップ…直径8mmを2組み

【作り方】
準備
・ 表衿、各見返し、ベルトに接着芯をはる。
・ 身頃の肩、脇、各見返しの端、袖口、スカートの後ろ中心、脇、裾にジグザグミシンをかける。

1. 前後身頃のウエストダーツを縫う。縫い代は中心側に倒す（p.45・1～6参照）。前後身頃のウエストに伸止めテープをはる。→図参照
2. 身頃の肩を縫う。縫い代は割る（p.48・23参照）。
3. 衿を作る（p.55参照）。→図参照
4. 衿をつける（p.55参照）。→図参照
5. 身頃の脇を縫う。縫い代は割る（p.49・32参照）。
6. 袖（チューリップスリーブ）を作る（p.53・64・図9参照）。
7. 袖をつける。縫い代は2枚一緒にジグザグミシンをかけ、袖ぐり上半分を身頃側に倒す。→図参照
8. スカートの後ろ中心、脇を縫う。縫い代は割る。→図参照
9. スカートのウエストにギャザーを寄せる。→図参照
10. 身頃とスカートのウエストを縫い合わせる。縫い代は2枚一緒にジグザグミシンをかけ、身頃側に倒す。ウエストにステッチをかける。→図参照
11. 前見返しの裾を縫い、表に返す。裾をアイロンで二つ折りにしてしつけをする。→図参照
12. 衿ぐり、前端、裾に続けてステッチをかける。→図参照
13. ボタンホールを作り、ボタンをつける（p.57参照）。→図参照
14. 脇にベルトを通す糸ループをつける（p.57参照）。
15. リボンつきベルトを作る。→図参照

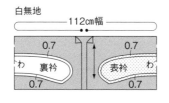

出来上り寸法表
単位はcm

	S	M	L	LL
バスト	89	92	95	98
ウエスト	64	67	70	73
背肩幅	31	32	33	34
背丈	34.3	34.7	35.1	35.5
スカート丈	55	55.6	56.2	56.8

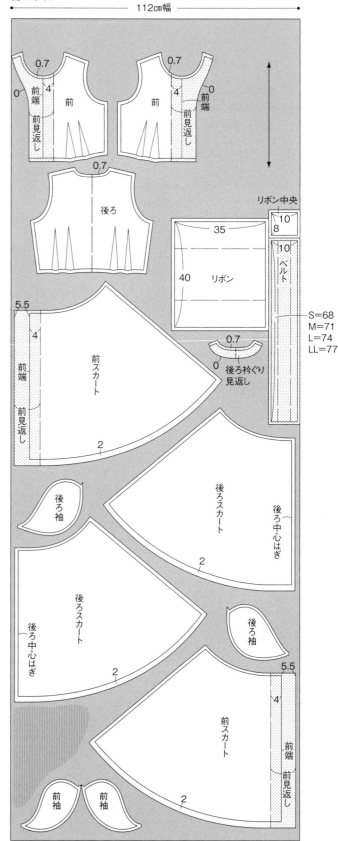

【裁合せ図】

*指定以外の縫い代は1　* ▨ は接着芯をはる

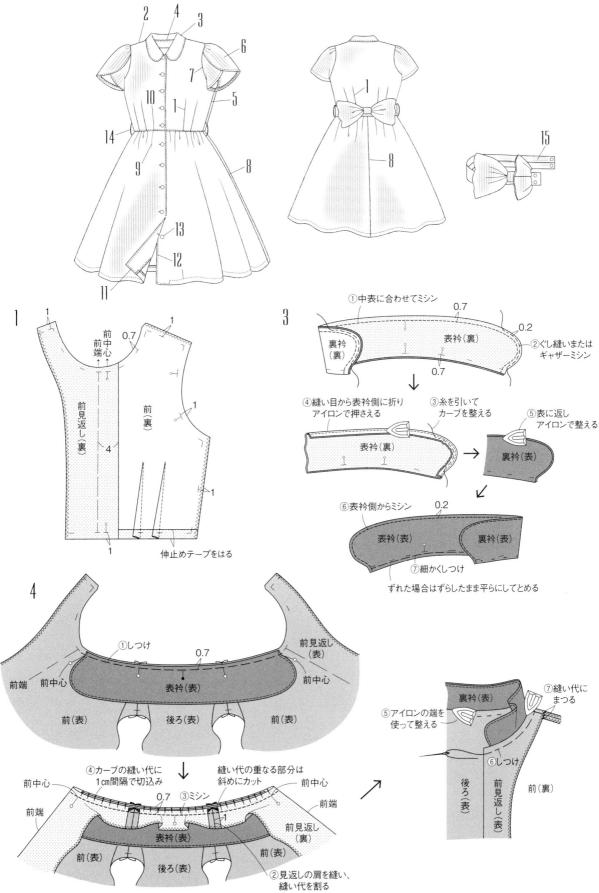

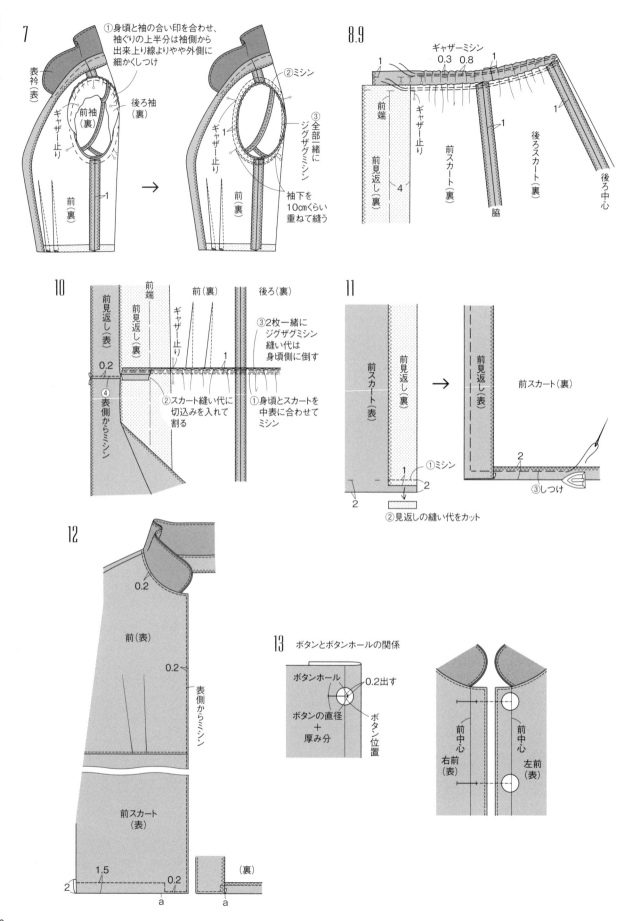

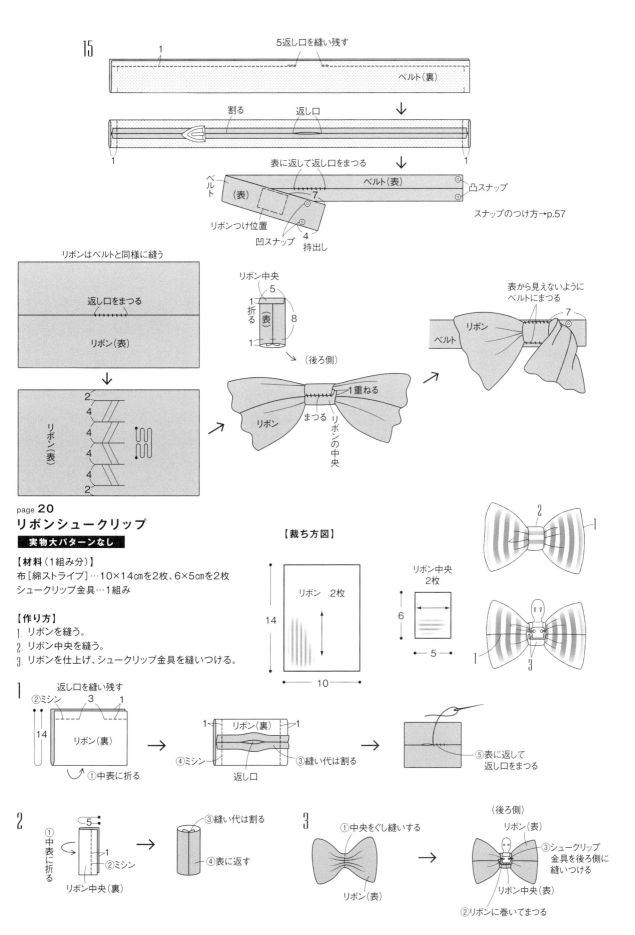

page 22
C・② リバティプリントワンピース
実物大パターンB面

【材料】指定以外、各サイズ共通
布[綿タナローンプリント]…110cm幅
S・Mは3.4m／L・LLは3.5m
接着芯(表衿、身頃前見返し、スカート前見返し、後ろ衿ぐり見返し、ベルト)…90cm幅 Sは1m／M・Lは1.1m／LLは1.2m
伸止めテープ(身頃ウエスト)…12mm幅 1m
ボタン…直径15mmを10個
バックル…内径20mmを1個

【作り方】3、13、14、15、☆以外は、p.74「50'sストライプワンピース」参照

準備
- 表衿、各見返し、ベルトに接着芯をはる。
- 身頃の肩、脇、各見返しの端、袖口、スカートの後ろ中心、脇、裾にジグザグミシンをかける。

1. 前後身頃のウエストダーツを縫う。縫い代は中心側に倒す(☆p.45・1〜6参照)。前後身頃のウエストに伸止めテープをはる。
2. 身頃の肩を縫う。縫い代は割る。
3. 衿を作る。→図参照
4. 衿をつける(p.55参照)。
5. 身頃の脇を縫う。縫い代は割る。
6. 袖(チューリップスリーブ)を作る(☆p.53、64・9参照)。
7. 袖をつける。縫い代は2枚一緒にジグザグミシンをかけ、袖ぐり上半分を身頃側に倒す。
8. スカートの後ろ中心、脇を縫う。縫い代は割る。
9. スカートのウエストにギャザーを寄せる。
10. 身頃とスカートのウエストを縫い合わせる。縫い代は2枚一緒にジグザグミシンをかけ、身頃側に倒す。ウエストにステッチをかける。
11. 前見返しの裾を縫い、表に返す。裾をアイロンで二つ折りにしてしつけをする。
12. 衿ぐり、前端、裾に続けてステッチをかける。
13. ボタンホールを作り、ボタンをつける(p.57参照)。→図参照
14. 脇にベルトを通す糸ループをつける(p.57参照)。→図参照
15. ベルトを作る。→図参照

【裁合せ図】

*指定以外の縫い代は1　*▒▒は接着芯をはる

出来上り寸法表 単位はcm

	S	M	L	LL
バスト	89	92	95	98
ウエスト	64	67	70	73
背肩幅	31	32	33	34
背丈	34.3	34.7	35.1	35.5
スカート丈	65	65.6	66.2	66.8

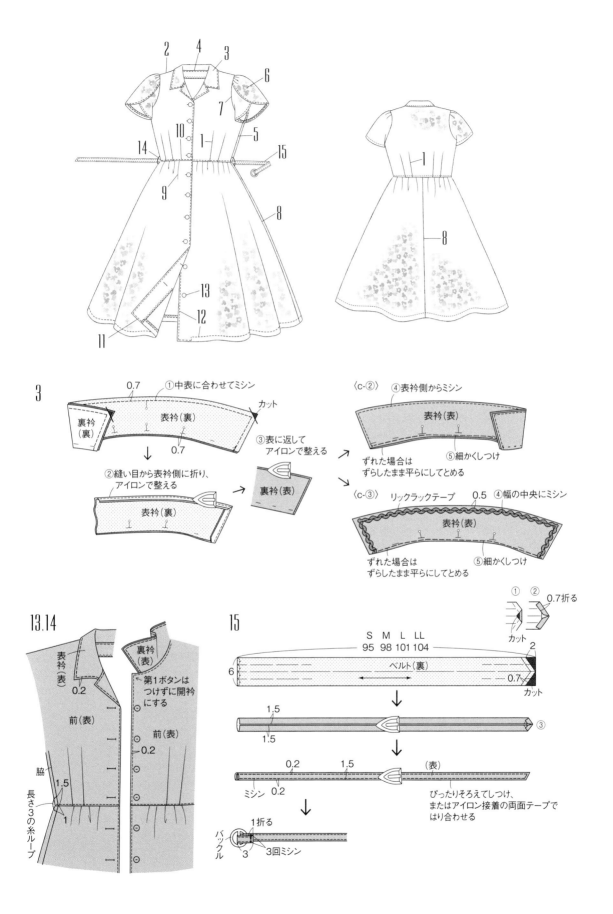

C・④ ギンガムチェックワンピース

実物大パターンB面

【材料】指定以外、各サイズ共通
布[綿チェック大]…110cm幅 1m
　[綿チェック中]…110cm幅 S・Mは2.3m／L・LLは2.4m
　[綿チェック小]…110cm幅 S・Mは80cm／L・LLは90cm
接着芯(表衿、身頃前見返し、スカート前見返し、後ろ衿ぐり見返し、ベルト)…90cm幅 S・Mは80cm／L・LLは90cm
伸止めテープ(身頃ウエスト)…12mm幅 1m
ボタン…直径15mmを10個
スナップ…直径8mmを2組み

【作り方】1、☆以外は、p.74「50'sストライプワンピース」参照
準備
・表衿、各見返し、ベルトに接着芯をはる。
・身頃の肩、脇、各見返しの端、袖口、スカートの後ろ中心、脇、裾にジグザグミシンをかける。
1. 前身頃にフリルをつける。→図参照
2. 前後身頃のウエストダーツを縫う。縫い代は中心側に倒す(☆p.45・1〜6参照)。前後身頃のウエストに伸止めテープをはる。
3. 身頃の肩を縫う。縫い代は割る。
4. 衿を作る(p.55参照)。
5. 衿をつける(p.55参照)。
6. 身頃の脇を縫う。縫い代は割る。
7. 袖(チューリップスリーブ)を作る(☆p.53、64・図9参照)。
8. 袖をつける。縫い代は2枚一緒にジグザグミシンをかけ、袖ぐり上半分を身頃側に倒す(p.76・図7参照)。
9. スカートの後ろ中心、脇を縫う。縫い代は割る。
10. スカートのウエストにギャザーを寄せる。
11. 身頃とスカートのウエストを縫い合わせる。縫い代は2枚一緒にジグザグミシンをかけ、身頃側に倒す。ウエストにステッチをかける。
12. 前見返しの裾を縫い、表に返す。
13. 裾をアイロンで二つ折りにしてしつけをする。衿ぐり、前端、裾に続けてステッチをかける。
14. ボタンホールを作り、ボタンをつける(p.57参照)。
15. 脇にベルトを通す糸ループをつける(☆p.67・図14参照)。
16. リボンつきベルトを作る。

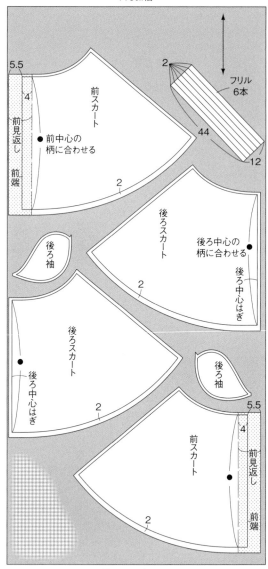

出来上り寸法表				単位はcm
	S	M	L	LL
バスト	89	92	95	98
ウエスト	64	67	70	73
背肩幅	31	32	33	34
背丈	34.3	34.7	35.1	35.5
スカート丈	55	55.6	56.2	56.8

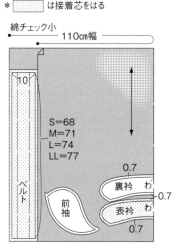

GINGHAM CHECK DRESS

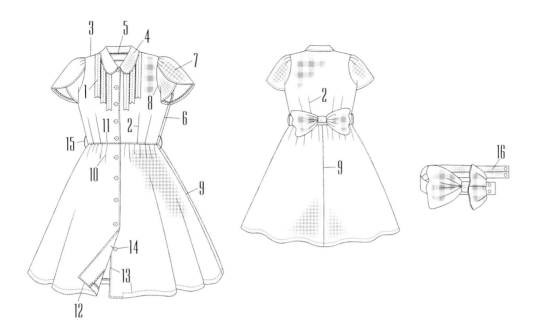

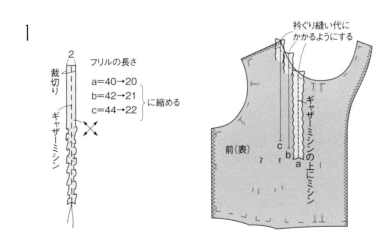

1

フリルの長さ
a=40→20
b=42→21 } に縮める
c=44→22

裁切り
ギャザーミシン

衿ぐり縫い代にかかるようにする

ギャザーミシンの上にミシン

前(表)

page 24
C・③ デニムワンピース

実物大パターンA・B面

【材料】指定以外、各サイズ共通
布[紺デニム]…115cm幅 S・Mは2.6m／L・LLは2.7m
接着芯(表衿、身頃見返し、スカート前見返し 後ろ衿ぐり見返し、カフス)…90cm幅 S・Mは60cm／L・LLは70cm
伸止めテープ(身頃ウエスト)…12mm幅 1m
ボタン…直径20mmが9個
リックラックテープ(衿、カフス)…10mm幅
S・Mは1.4m／L・LLは1.6m

【作り方】6、☆以外は、p.74「50'sストライプワンピース」参照
準備
・表衿、各見返し、カフスに接着芯をはる。
・身頃の肩、脇、各見返しの端、スカートの後ろ中心、脇、裾にジグザグミシンをかける。

1. 前後身頃のウエストダーツを縫う(☆p.45・1～6参照)。縫い代は中心側に倒す。前後身頃のウエストに伸止めテープをはる。
2. 身頃の肩を縫う。縫い代は割る。
3. 衿を作る(☆p.79・図3参照)。
4. 衿をつける(p.55参照)。
5. 身頃の脇を縫う。縫い代は割る。
6. 袖(カフスつきスリーブ)を作る(☆p.52、63・図10参照)。→図参照
7. 袖をつける。縫い代は2枚一緒にジグザグミシンをかけ、袖ぐり上半分を袖側に倒す(☆p.50・39～41参照)。
8. スカートの後ろ中心、脇を縫う。縫い代は割る。
9. スカートのウエストにギャザーを寄せる。
10. 身頃とスカートのウエストを縫い合わせる。縫い代は2枚一緒にジグザグミシンをかけ、身頃側に倒す。ウエストにステッチをかける。
11. 前見返しの裾を縫い、表に返す。裾をアイロンで二つ折りにしてしつけをする。
12. 衿ぐり、前端、裾に続けてステッチをかける。
13. ボタンホールを作り、ボタンをつける(p.57参照)。

【裁合せ図】

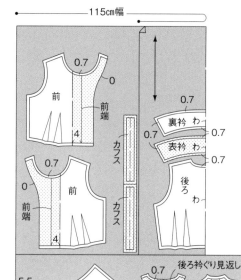

*指定以外の縫い代は1　*▨は接着芯をはる

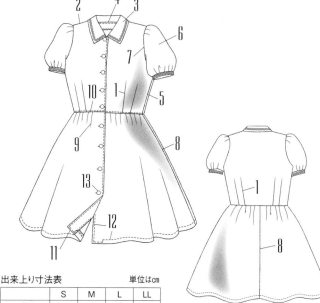

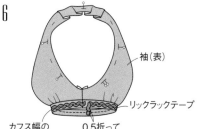

袖(表)
リックラックテープ
カフス幅の中央につける
0.5折って1重ねてとめる

出来上り寸法表　単位はcm

	S	M	L	LL
バスト	89	92	95	98
ウエスト	64	67	70	73
背肩幅	31	32	33	34
背丈	34.3	34.7	35.1	35.5
スカート丈	46	46.6	47.2	47.8

page 10
コットンパールつきクラッチバッグ
実物大パターンなし

【材料】
布[濃紺シルクシャンタン刺繡]…110cm幅 90cm
接着キルト芯(表袋布)…90cm 幅45cm
中厚接着芯(裏袋布、マグネットホック位置補強)…90cm幅 45cm
マグネットホック…直径18mmを2組み
コットンパール…直径25mmの両穴タイプを1個

【作り方】
1. 表袋布には接着キルト芯、裏袋布には中厚接着芯をはり、マグネットホックをつける。
2. 表袋布と裏袋布の脇と底を縫う。
3. 表袋と裏袋を外表に重ね、袋口をまつる。
4. 袋口側にコットンパールを縫いつける。

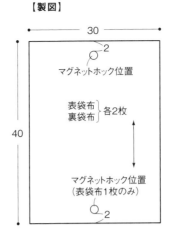
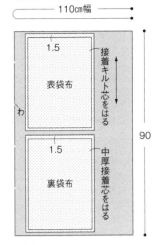

*指定以外の縫い代は1

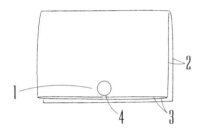

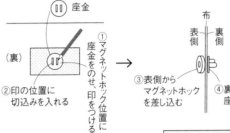

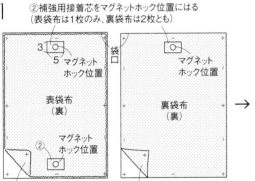

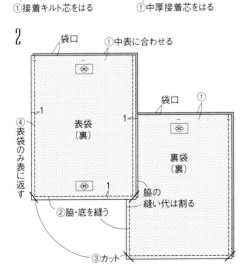
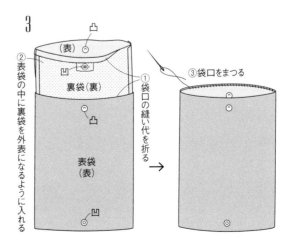

page 8, 24
リボンクラッチバッグ

実物大パターンなし

【材料】
布〈p.8〉[先染めタータンチェック]…112cm幅 90cm
〈p.24〉[紺デニム]…115cm幅 90cm
厚手接着芯(表袋布)…90cm幅 45cm
中厚接着芯(裏袋布、マグネットホック位置補強)…90cm幅 45cm
マグネットホック…直径18mmを2組み
〈p.24のみ〉リックラックテープ…10mm幅 32cm

【作り方】2、3以外は、p.83「コットンパールつきクラッチバッグ」参照
1. 表袋布には厚手接着芯、裏袋布には中厚接着芯をはり、マグネットホックをつける。
2. リボンを縫う。
3. 表袋布にリボンを仮どめする。p.24は、リボンを仮どめする前にリックラックテープを縫いつけておく。
4. 表袋布と裏袋布の脇と底を縫う。
5. 表袋と裏袋を外表に重ね、袋口をまつる。

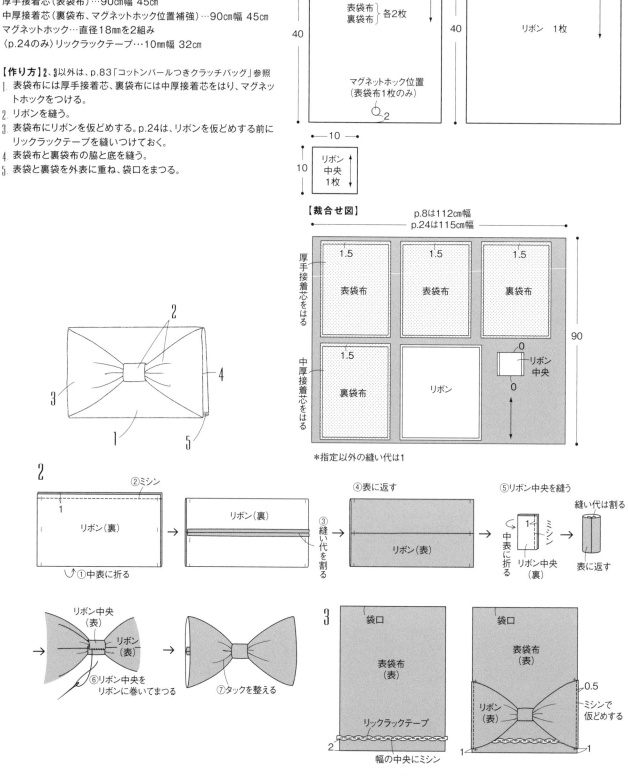

page 12
フリルクラッチバッグ
実物大パターンなし

【材料】
布[水色リネン]…120cm幅 70cm
厚手接着芯(表袋布)…90cm幅 30cm
中厚接着芯(裏袋布、マグネットホック位置補強)…90cm幅 30cm
マグネットホック…直径18mmを2組み
リング(持ち手用)…直径13cmを1個

【作り方】1以外は、p.83「コットンパールつきクラッチバッグ」参照
1. 表袋布には厚手接着芯、裏袋布に中厚接着芯をはり、マグネットホックをつける。
2. ループを縫って、リングを通して、表布に仮どめする。表袋布と裏袋布の脇と底を縫う。
3. フリルを縫う。
4. 表袋にフリルを縫いつける。
5. 表袋と裏袋を中表に合わせ、袋口を縫い、表に返す。

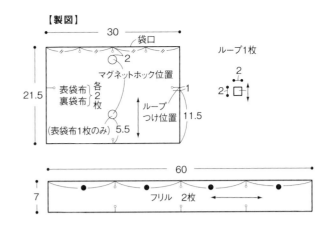

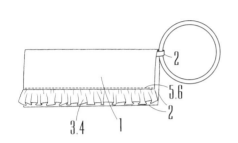

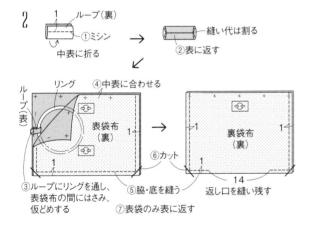

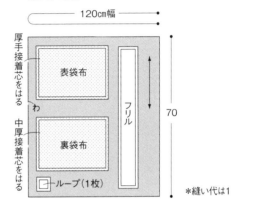

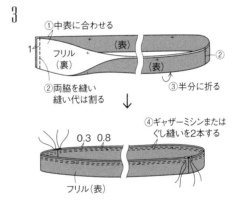

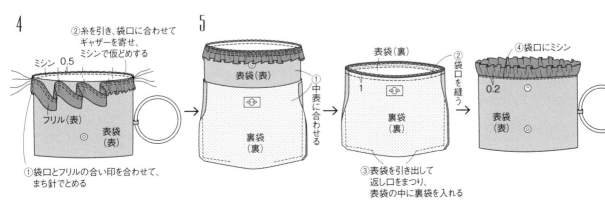

リボンヘアバンド

page 6,20

実物大パターンなし

【材料】
布〈p.6〉[青シルクシャンタン刺繍]…112cm幅
　　　　　10×50cmを4枚、8.5×28cmを1枚
　〈p.20〉[綿ストライプ]…120cm幅
　　　　　10×50cmを4枚、8.5×28cmを1枚
ゴムテープ…20mm幅15cm×1本

【作り方】
1. リボンを作る。
2. ゴム通し布を縫う。
3. リボンにゴム通し布を縫いつける。

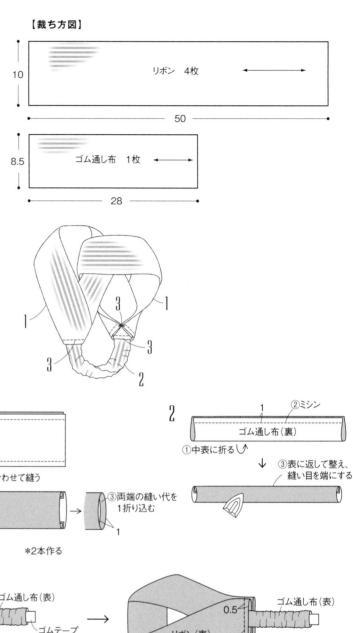

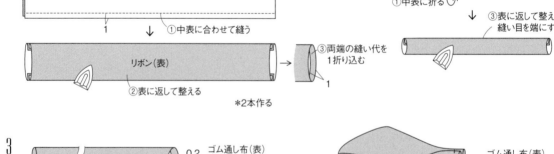

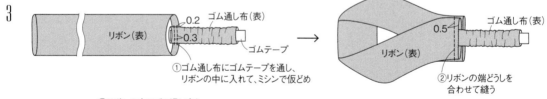

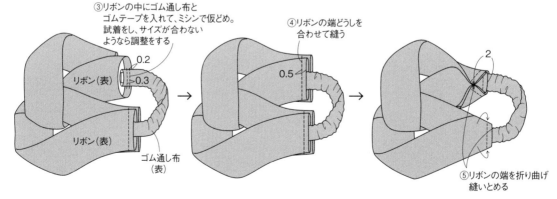

page 6
花シュークリップ
実物大パターンなし

【材料（1組み分）】
布［青シルクシャンタン刺繍］…18×10cmを2枚
シュークリップ金具…1組み

【作り方】
1. 花を作る。
2. シュークリップ金具を縫いつける。

【裁ち方図】

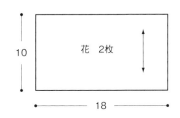

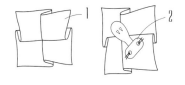

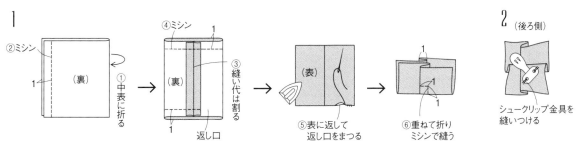

page 9
ロゼットブローチ
実物大パターンなし

【材料（1個分）】左をa、右をbとする
〈共通〉
布［先染めタータンチェック］…直径7cmを1枚
くるみボタン・ブローチセット〈サークル40〉…1組み
フェルト…直径4cmを1枚
〈a〉
布［先染めタータンチェック］…バイアステープ（テール）16cmを2本
リボン［赤グログラン］…30mm幅（プリーツA）100cm
リボン［青サテン］…30mm幅（プリーツB）90cm、（テール）16cm
〈b〉
布［先染めタータンチェック］…バイアステープ（プリーツA）90cm
リボン［緑グログラン］…30mm幅（プリーツB）90cm、（テール）16cmを2本

【作り方】
1. くるみボタンを作る（p.61参照）。
2. くるみボタンにプリーツを縫いとめる。
3. テールを縫いつけ、ピンを縫いつける。

【裁ち方図】

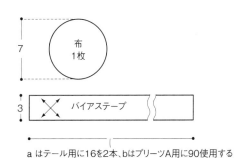

aはテール用に16を2本、bはプリーツA用に90使用する

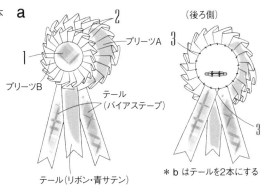

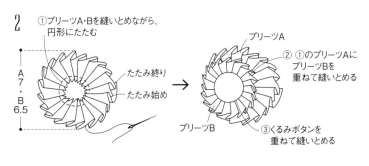

篠原ともえ

1995年16歳で歌手デビュー。タレント、衣装デザイナー、歌手、女優、ナレーター、ソングライター等、多彩な才能を生かした幅広いジャンルで活躍。'90年代、自身のアイディアによるデコラティブな"シノラーファッション"は一大ムーブメントとして大流行。文化女子大学短期大学部（現・文化学園大学短期大学部）でデザインを本格的に学び、ステージ衣装はすべて自身でデザイン、縫製を手がけている。2013-2014 松任谷由実コンサートツアー"POP CLASSICO"衣装デザイナー。デザインアソシエーションNPO理事。

ブックデザイン	林 瑞穂
撮影	佐々木慎一
	土屋 純（文化出版局）／p.28～31
	安田如水（文化出版局）／p.3、32～56
スタイリング	相澤 樹
ヘア＆メイク	奥平正芳
	末光陽子
作品製作協力、作り方解説	助川睦子
作品製作協力	黒川久美子
トレース	大楽里美
パターングレーディング	上野和博
校閲	向井雅子
編集	三角紗綾子（リトルバード）
	平井典枝（文化出版局）

ザ・ワンピース
篠原ともえのソーイングBOOK

2015年 5月 3日　第1刷発行
2016年 9月26日　第7刷発行
著　者　篠原ともえ
発行者　大沼 淳
発行所　学校法人文化学園 文化出版局
〒151-8524　東京都渋谷区代々木3-22-1
TEL. 03-3299-2487（編集）
TEL. 03-3299-2540（営業）
印刷・製本所　株式会社文化カラー印刷
©株式会社古舘プロジェクト2015　Printed in Japan
本書の写真、カット及び内容の無断転載を禁じます。

・本書のコピー、スキャン、デジタル化等の無断複製は著作権法上での例外を除き、禁じられています。本書を代行業者等の第三者に依頼してスキャンやデジタル化することは、たとえ個人や家庭内での利用でも著作権法違反になります。
・本書で紹介した作品の全部または一部を商品化、複製頒布、及びコンクールなどの応募作品として出品することは禁じられています。
・撮影状況や印刷により、作品の色は実物と多少異なる場合があります。ご了承ください。

文化出版局のホームページ　http://books.bunka.ac.jp/

[布地・副資材提供]
掲載の布地や副資材は、時期によっては、完売もしくは売切れになる場合があります。ご承知いただきますよう、お願い致します。

オカダヤ新宿本店
tel.03-3352-5411
http://www.okadaya.co.jp/shinjuku
（p.4*、6*、8*、10*、16、18、24、26の布地／*は参考商品）

トマト
http://www.nippori-tomato.com
（p.14、20の布地）

丸十
tel.092-281-1286
http://maru10.jp
（p.12、22の布地）

エル・ミューゼ
tel.03-5858-6722
http://www.l-musee.com
（p.20、22、24、26のボタン、p.22のバックル）

[用具提供]
クロバー
tel.06-6978-2277（お客様係）
http://www.clover.co.jp

[ミシン提供]
カタログハウス（山崎範夫の電子ミシン）
tel.0120-164-164

ブラザー工業（ヌーベル）
http://www.brother.co.jp/product/hsm/